普拉提

动作练习全图解

PILATES

ILLUSTRATED

〔美〕鲍西亚·佩奇（Portia Page）◎著

张展鹏　徐靖 ◎译

人民邮电出版社

北 京

图书在版编目（CIP）数据

普拉提动作练习全图解 / （美）鲍西亚·佩奇
(Portia Page) 著；张展鹏，徐靖译. -- 北京：人民
邮电出版社，2018.6
　　ISBN 978-7-115-48136-8

　　Ⅰ. ①普… Ⅱ. ①鲍… ②张… ③徐… Ⅲ. ①健身运
动—图解 Ⅳ. ①G883-64

中国版本图书馆CIP数据核字(2018)第056970号

免责声明

本书内容旨在为大众提供有用的信息。所有材料（包括文本、图形和图像）仅供参考，不能用于对特定疾病或症状的
医疗诊断、建议或治疗。所有读者在针对任何一般性或特定的健康问题开始某项锻炼之前，均应向专业的医疗保健机
构或医生进行咨询。作者和出版商都已尽可能确保本书技术上的准确性以及合理性，且并不特别推崇任何治疗方法、
方案、建议或本书中的其他信息，并特别声明，不会承担由于使用本出版物中的材料而遭受的任何损伤所直接或间接
产生的与个人或团体相关的一切责任、损失或风险。

内 容 提 要

　　力量与柔韧是肌肉训练中两个同等重要的部分，普拉提运动兼具锻炼肌肉力量与发展身体柔韧性的功能，这将极
大地改善现代都市人久坐不动引起的颈椎、肩膀、腰肌的不适症状。本书从普拉提运动的益处、历史、规则讲起，超
细致图解了普拉提的热身动作、垫上动作和器械辅助动作练习，无论是初学者还是进阶者都可以依据详细的动作步骤
指导轻松练习。与此同时，本书还提供了17种可自由组合的普拉提健身方案，包括普拉提减脂、普拉提核心训练等内
容，这会帮助每一位健身爱好者从普拉提运动中切实获益。

　◆　著　　　　[美] 鲍西亚·佩奇（Portia Page）
　　　译　　　　张展鹏　徐　靖
　　　责任编辑　寇佳音
　　　责任印制　周昇亮

　◆　人民邮电出版社出版发行　　北京市丰台区成寿寺路 11 号
　　　邮编　100164　　电子邮件　315@ptpress.com.cn
　　　网址　http://www.ptpress.com.cn
　　　固安县铭成印刷有限公司印刷

　◆　开本：700×1000　1/16
　　　印张：15　　　　　　　　　2018 年 6 月第 1 版
　　　字数：342 千字　　　　　　2025 年 11 月河北第 19 次印刷

　　　著作权合同登记号　图字：01-2016-10045 号

定价：80.00 元
读者服务热线：**(010) 81055296**　印装质量热线：**(010) 81055316**
反盗版热线：**(010) 81055315**

前言

第一次接触普拉提，是我参加全美健美操锦标赛那年，我的朋友兼导师——布鲁诺·波萨蒂向我们团队介绍了普拉提，当时我就想："我干吗不试一下呢？它还能给我带来什么伤害不成？"它确实比直接躺在地板上、劈叉或是做俯卧撑要好，而且通过普拉提健身可以让我感觉更好。做这项运动可以让人更加积极乐观，这是一种非常直观且很有益处的锻炼形式，它将我的身体从持续运动的剧烈冲击和落地而造成的肌体损伤及疲劳中解救出来。我从来没有想过，不久之后我会成为一个普拉提爱好者，并运用普拉提的运动原理指导自己的健身，更不用说担任其他训练者的健身教练了。

我发现，普拉提已经深入到我生活的方方面面了，而且我很快意识到，普拉提的运动原理让我有了更好的人生态度，更清晰的思路，还有了一个有效提高健美操、自行车、跆拳道和力量训练教学能力的强健体魄。普拉提健身法启发我如何成为一个更好的教练、一个更好的老师、一个更好的指导员，因为它的运动原理与我在教学过程中发现的某些道理不谋而合。正是因为那一次偶然的接触，它成了我毕生追逐的梦想，让我能够凭着直觉对自己正在做的事和为他人的教学付出热情。在第一次将普拉提引入韩国首尔的专题研讨会上，给一组年轻的私人健身教练和团体课教练做指导的时候，我意识到这就是我想要做的事，也正是我想要贡献给世界的。写这本书让我的这一诉求得以实现。

刚接触普拉提时，最专业的健身爱好者都会望而生畏。但经过一段时间，对它有了一定的理解之后，很多动作做起来就更顺畅、更轻松了。日常练习普拉提有很多益处，既能放松身心，也能振奋精神，这取决于你锻炼的风格和节奏。不管你是普拉提初学者，还是仅仅对它感到好奇，本书都能够给你很多有用的建议，并手把手地教你如何将普拉提融入日常生活中。

本书中，我们将介绍100多种普拉提练习动作的细节并配以图片，同时还引入了17种当下就可以开始的普拉提健身方案。书中通过不同的身体运动起始位置，将所有的普拉提练习动作进行了详尽的分类，每一种练习动作的图片指导都详细地展示了从起始动作开始，随着不断调整和变化挑战不同难度的动作，直到动作结束的过程。每一项练习动作的益处、禁忌、起始姿势及动作的呼吸指导都详细指出，每一项运动都给出了逐步指导，并着重强调了每一个动作的重点及难点。

第1章主要讲的是普拉提的历史、益处、运动原理以及如何开始练习普拉提等内容。

关于普拉提的历史的篇幅相对简短，但会让你印象深刻，这对于了解普拉提的发展和演变来说是非常重要的。我们还讨论了普拉提对身心的益处，从而能够让你在练习普拉提的过程中，理解并接受其产生的相应变化。

要从学习如何正确呼吸以及如何通过呼吸影响每一个动作的有效性和连贯性，来开始你的普拉提健身历程，从而保证轻松有效地进行训练。掌握呼吸的技巧能够从很多方面辅助你的训练，从助力每一个动作，到挑战不同的姿势，再到保持一个姿势，以及从这个动作中得到锻炼等。

本书第2~10章详细介绍了100余种普拉提练习动作，每一个练习动作都配有详解图片，从动作的起始，到动作的变化，再到动作的结束，都给出了明确的指导。这些图片能指导你尽快找到正确的姿势，并能够帮助你通过有节奏的运动过渡到动作最终结束。普拉提运动是根据起始动作的身体位置来分类的：站姿热身和拉伸运动、跪姿运动、侧卧位运动、俯卧位运动、仰卧位运动、坐姿运动。你将会了解每一个动作对健身的帮助以及相关禁忌。对于本书中提到的每一个动作的中级或高级版本所面对的具体问题和挑战，都做出了详细的解答。虽然大多数动作都是在健身垫上集中练习的，但有些运动还是需要借助类似健身球、普拉提环和弹力带等小型的健身器械。这些器械能够刺激身体的不同部位，对普拉提的健身效果起到补充作用。

完成一系列的垫上运动之后，第8~10章将着重介绍使用健身球、普拉提环和弹力带进行的普拉提运动。虽然约瑟夫·普拉提没有运用健身球和弹力带（这些都是普拉提领域新的发展成果），但跟普拉提环一样，从发展身体的稳定性，到增加动作的难度，这些器械都会有很多益处，在一定程度上，它们能够增加和改善传统普拉提运动的效果。在某些情况下，这些器械还能通过挑战核心肌肉或四肢肌肉，或者通过增加运动强度来增加运动难度。换个角度看，借助器械的练习动作更容易满足各个层次健身者的不同需求。每一个借助器械的练习动作又都被划归到站姿、坐姿、侧卧位、俯卧位和仰卧位等不同的类别中。每一个动作，借助健身球、普拉提环、弹力带等，都能提供多种不同程度的感觉，也能多方位调整前面几章描述的部分普拉提动作。每一个辅助器械的使用都有相应的安全规范标准，也附有更高级的动作细则。这些精选的器械都是普拉提运动所能借助的非常棒的工具，它们能够给你的运动提供多样性和趣味性，同时还为循序渐进地增加运动难度或开始做系列动作搭建了一个通道。

第11章详细介绍了17种从个人训练项目中组合的普拉提健身方案，包括减脂方案、上午和下午的训练方案、全身性的训练方案以及健身球辅助进行的高级普拉提训练方案等。它们是按照类别或标题名称的顺序排列的。这些全方位的训练方案能够满足各种层次的健身者的需求，帮助他们在任何不可抗力造成的有限时间内进行运动。完成一项运动的时间因人而异，它取决于你当前的健身水平，以及完成每一项运动的分解动作的快慢。在我们列出的这些训练方案中，每个人都能找到一些自己想要的东西。这些运动方案中也包含了完成各项运动大约需要的时间、所需借助的健身器械以及适合自己的日常锻炼强度等。

请记住，当你在练习普拉提的时候，要尽可能准确地完成每一个动作，留意身体所能做出的每一个变化，有条不紊地完成每一个动作，循序渐进地通过每一次突破达到预期的效果。坚持是非常重要的，正如约瑟夫·普拉提所说的："在做第10组的时候，你就会有一种前所未有的感觉；做第20组的时候，你就能够看到身体上的变化；而当你做到30组的时候，你将开始拥有一个全新的肌体。"

我非常有幸能够周游世界去做关于普拉提的指导教学，并将这种奇妙有趣的运动形式传播到世界各地，让大家都能够熟悉并接纳普拉提。在旅途中，我发现普拉提的适应面相当广泛，它能够满足各种人群的运动需求——男女老少、专业运动员以及非职业运动员。不管在哪里，你都能够轻松地练习普拉提，并且从中感受到它的深远影响和益处。它是一种每个人都能够说、做、完成的运动。

本书将全程引导每一个爱好健身的人从初学普拉提到忠实爱好普拉提，再到从普拉提中切实受益。你只需要享受这一过程，挺胸抬头做好准备！

致谢

　　本书凝结了太多人的心血，他们用不同的方式为它做出了贡献。感谢 Human Kinetics 出版社给我提供编写本书的机会，并在整个编撰过程中对我保持了极大的耐心以及教给我写作技巧。感谢我的普拉提启蒙者布鲁诺·波萨蒂和我的教练兼朋友诺拉·圣·约翰——一个勇敢无畏的健身领域领航者和指挥者。感谢我此生最敬重并爱戴的永远的好朋友莉兹贝思·嘉茜亚和朱迪·金，感谢她们做我的模特并拍摄了详尽真实的分解动作图；感谢你们在我撰写关于身体平衡性的内容时为我的思绪提供了一个出口，让我能够有机会把我心中所想呈现给全世界。感谢保罗·博迪，作为一个出色的摄影师，他为本书中的每一个模特拍摄出这么出色的照片。感谢本书的模特布鲁诺·波萨蒂、贝丝·普拉德森和莉兹贝思·嘉茜亚，他们是如此耐心且才华横溢。感谢我的家人，特别是我的妈妈和姑姑，感谢她们对我的爱和支持，以及提出了非常棒的女性视角的建议，更重要的是，她们在我心中种下了永不磨灭的信仰。此外，我的哥哥、嫂子以及孩子们也常常给我带来很多快乐，让我能够欢笑不断，记住生活中每一份简单的快乐。感谢我的客户和学生，这些年他们一直提醒着我，我是在做着世界上最伟大的工作。

　　特别感谢我出色的男朋友和搭档盖瑞·胡恩，还有我们的狗狗——奈瑟尔，感谢他们的付出和信任，感谢他们在过去的一年里，在我不眠不休、不知周末为何物地奋笔疾书，甚至忘记了家庭郊游时，一直陪伴着我，从无怨言。当我觉得自己无法继续的时候，他们给我鼓励，缓解我精神上的压力，让我重新感到轻松快乐。另外，我所有的努力都是为了使我的祖母科琳·艾伦·华莱蒂感到荣耀，她常常提醒我，正如威廉姆·厄恩斯特·亨利在 Invictus 一书中所说的："我是我命运的主宰者，我是我灵魂的导航者。"

目录

第 1 章

普拉提的艺术与实践

　　普拉提是一种即使每天只做一点，也给你带来不可思议的效果的健身运动。它是一种通过加强肌体平衡性和敏捷性，正确运用呼吸的方法，以及加强核心肌肉的稳定性和力量等方式，对身体进行拉伸，从而强健体魄的运动。约瑟夫·普拉提参悟了一套强健体魄从而强健思维的健身理念："身体健康是人生幸福的首要条件"。经过一系列的普拉提运动后，你就能够体会到如何通过正确、流畅的动作，帮助思维和身体都获得良好的发展。

普拉提的益处

普拉提（约瑟夫·普拉提称之为"肌肉控制"）的好处，引用它的创造者所说的话，可以很好地总结为："通过肌体的均衡发展，实现对肌肉的多方位控制，不断纠正错误的姿势，恢复身体的活力，增强思维活性，提升精神面貌"。

普拉提，现在是一个家喻户晓的名词，它能够让你经过相对较短的锻炼之后，站得更直更高，看上去更精神，不管是哪个年龄段的人，也无所谓什么样的身体状况，都能够轻松完成它的每一个动作。普拉提可以在家进行，也可以在瑜伽工作室或是健身中心进行，甚至在世界各地的康复理疗诊所都设有这项常规运动，以帮助肌体受损的人们慢慢恢复肌体活性，增加身体的灵活性和力量，提高整体健康水平。普拉提的好处还有很多，但是下面这几项应该是最为常见的了。

1. 唤醒肌体的感官意识
2. 锻炼出强壮的瘦长型肌肉
3. 可以更轻松、更敏捷地做动作
4. 增加身体的柔韧性
5. 强化整个核心肌肉群
6. 改善整体的体态

这6个好处有助于开发出一个更健康、更有活力的身体，同时也能在思维和精神层面搭建起更深的连接和羁绊。

通过普拉提的日常练习，每一个动作精准到位的呈现，能帮你开发出非常敏感的身体意识，这对于从锻炼中获得最大收益来说至关重要。一旦你开发出了自己的身体意识，就可以慢慢地蓄积力量了，这种力量是在瘦长型肌肉纤维的形成过程中产生的，而且并非短期内的大量蓄积，而是顺其自然地产生。一旦肌肉开始朝着这个方向发展，就会逐渐变长且慢慢有力量，身体做出的每一个动作，不管是小动作还是大幅度的运动，都会更加优雅，更容易做出来，且健身效果更好。

普拉提还能全面提升身体和四肢的柔韧性，反过来又有助于动作的顺畅性，同时也将缓解背部、髋部和肩部等部位在运动过程中的紧绷状态。增加核心肌肉的力量是普拉提运动最大的目标，也是能够获得的最大益处，因为肌体的一切运动都是从身体的核心部位或者说"动力仓库"开始，继而逐渐发展并运行起来的。如果一个人有强大的"动力仓库"，就能顺其自然地锻炼出强壮的四肢和各个器官。

普拉提另一个突出的优势就是纠正体态，并能在首次体验就有很明显的改变。姿势上细微的差异，如头部和颈部稍稍向后或向上移动，双肩后缩，向上提拉胸腔使之远离臀部等，都可以给健身者的外在形象和行为方式带来巨大的变化。在做过第1组普拉提运动后，或是第10组或第20组之后，人们常说的一句话就是："感觉比之前好很多了！"事实上，他们不仅仅是感觉更好了，而且行动也更敏捷了，形象上也有所改善。最显著的改善是身体姿态方面的。挺拔站立时，你会感觉更自信，动作也更轻松。良好的姿势几乎可以立刻帮助你缓解背部的疼痛感，这正是我认为普拉提最美妙的所在。

普拉提的历史

约瑟夫·普拉提呼吁人们要意识到身心完美平衡的重要性和好处，并宣称他称之为"肌肉控制"的运动体系正是能够实现这一平衡的最佳方案。他坚信要最大限度地激发我们身体的潜能，必须不断努力去获得强壮健康的体魄，使我们的心智也能同时达到自己的能力极限。尽管这一概念和现今宣扬的身心相连的理念不谋而合，而且在近些年，普拉提已经越来越流行，但是他是在 20 世纪早期就提出"肌肉控制"理论，真是让人觉得不可思议！

普拉提先生的思想远远超前于他所处的时代，即使是在他 80 多岁的时候，他当年的思想也是令人难以置信的。直到 1967 年离开这个世界，他都一直秉持自己的运动理念，维持着身体的力量和柔韧性。

约瑟夫·普拉提出生于 19 世纪末期的德国，因童年时期患有多种儿童疾病（哮喘、风湿热、佝偻病），他的呼吸系统变得特别虚弱。他一生都在跟这些疾病抗争，不断在健身领域内做各项研究，后来他成了一名非常优秀的运动员和"生物学标本"，甚至还在 14 岁的时候作为医学案例帮助医学界对其所患疾病进行研究。在 20 世纪早期，一种以运动为中心的新的健康理念开始流行起来，关于运动对大脑和身体的积极作用的研究正逐渐兴起，而约瑟夫·普拉提刚好站在这一领域的前沿，他提出的那些新理念所产生的影响，如同他的身体正在经历的改变一样，都促成他发展了"肌肉控制"理论。

1926 年普拉提移民去了美国。在前往美国的路上，他遇到了他的妻子——克拉拉，后来他们就定居在纽约，他在第八大道上开设了自己的工作室，吸引了众多舞蹈爱好者、运动员和商人。因为他的工作室和纽约芭蕾舞团位于同一栋大楼，他曾与许多舞蹈演员一起工作过，在治愈和帮助受伤的舞蹈演员方面取得了巨大的成就，因此他的工作在舞蹈团内变得非常受欢迎。即使如此，他还是觉得自己只是做了大家都能做到的一件事，从学校的学生到家庭主妇再到商界的执行总裁，谁都能做到。

尽管在他的有生之年，他所做的这一切并没能够为人熟知，但他曾经教过的一些学生没有放弃他未竟的事业，过去的 20 年，他们让普拉提逐渐成了运动领域的主流。那些曾经跟随普拉提的学生有罗马纳·克里赞瓦斯卡、罗恩·弗莱彻、凯瑟琳·斯坦福·格兰特、洛丽塔·圣·米盖尔和玛丽·博恩等，他们中很多人到现在还在教授普拉提。现今，大约有 1000 万美国人将普拉提作为自己主要的锻炼方法（*Pilates Style*，January 2009）。尽管普拉提运动理念是在 20 世纪早期提出的，但像如今这样蔚然成风还是颇费了一番心血和时间的。随着普拉提的益处逐渐显露，这一运动也愈发流行起来，进行这项运动的人们也逐渐看到成效，身体也变得越来越好。所谓口碑，也就是那些经常出现在媒体上的人们向公众宣传它的好处，使普拉提很快在世界各地的健身房、健身工作室和居家健身者中广泛传播。

约瑟夫·普拉提发明了一种将拉伸和运动强度相结合的非常有效的健身方法，并且这套健身方法能够适用于每一种体质，他把自己最棒的遗产都留在了经典的垫上运动里，在 *Return to Life Through Contrology* 一书里，他详细介绍了最基础的 34 种普拉提练习动作。很多学校教授的普拉提运动方案多多少少都有些区别，但最终还是形成了统一的教学体系，成为能够广泛传播的一门运动学科。最近的一些运动学研究表明，普拉提的脊柱定位法并不是很理想，当你进行这类运动时，还是需要多加注意，尤其对于那些身体某些部位不太健康甚至疼痛的健身者。但大多数情况下，他最初的想法和所做的试验绝大部分仍是健全有效的，能帮助你找到一个解决固定姿势和平衡问题的实际有效的方法。本书中，我选择的大部分内容都是 34 项基础普拉提练习动作的应用介绍（虽然可能顺序有点不一样），将其作为本书的理论基础，并相应做出了一些变化发展，使得那些动作的适用性更加广泛，更具挑战性，也更有健身效果，同时动作也能更流畅。器械的应用应该算一种衍生的运动形式，通常不会被认为是经典的普拉提练习，但是它拓展了普拉提的原始练习方式。

1965 年，86 岁高龄的普拉提先生曾这样说过："我从未服用过一粒阿司匹林，我一生中也从未受过伤，我想我的理念一定是正确的。整个国家，整个世界都应该推崇并实践我的健身方案，他们也一定会因此变得更加快乐。"这是一种精神食粮！

普拉提的运动原理

普拉提是一种连接身心的健身方法，它能够帮助人们更有效地提高身体素质，从而达到身心合一的境界。这种形式的运动正是将参与者的身体本身的最大优势发挥出来，充分利用肌体的力量、柔韧性和协调性，在做每一个动作的时候，都需要参与者尽可能地关注自己身体的需求。为了搭建更有力的身心连接通道，以下 6 个运动原理是需要熟记于心的。

◆ **呼吸**：要学会控制呼吸，正确的深呼吸方式对于理解普拉提以及从普拉提中获得最大收益而言是非常重要的，合理的呼吸方式是运动中首要关注的重点，并且需要贯穿到整个动作过程中。集中意念，控制呼吸，将帮助你维持相对合理的平衡性，同时也能让你更好地控制自己的肌肉，在运动过程中对周身的肌肉收放自如，使需要调动的肌肉能够及时收缩，而不需运动的肌肉则"按兵不动"。全然完整的呼吸循环，再加上正确的呼吸方式，还有助于整个运动过程的流畅性，让你能够稳妥地完成整套动作。呼吸是为了给肌体的各个器官送去氧气，让大脑更加清醒，从而促进身体更好地运动。

◆ **专注**：这需要身体和思维之间建立连接，简单来说就是身心合一。把全部的精力都集中在正在做的事情上，对于动作的准确性和流畅性而言是至关重要的，同时也能更轻松地完成目标动作。集中精神能够让你的大脑更加清醒，更好地控制身体做每一个动作，适度有效地变换动作。

◆ **控制**：普拉提的每一个动作都有一定的节制性，不可随意发挥。保证这些动作不超出你力所能及的范围，这在整个运动过程中，对于维持身体的平衡性和稳定性是非常重要的。

◆ **核心**：普拉提中一切动作的发生都源自于身体中心，也就是被称为"动力仓库"或肌体核心的部分，要正确地进行这些动作，就要从核心部位开始。锻炼出强大、稳定且灵活性较强的核心部位是普拉提基于日常健身的一个首要实现的目标，拥有强大的核心部位也会逐渐拥有一个整体强壮的体格。

◆ **精准**：锻炼时集中精力，注意对身体各部位的控制，关注身体核心等这些要点能够帮助我们把每一个动作都做得精准到位，甚至可以完全正确。所以一定要对自己身体的各个部分保持十二分的敏感度，并且持续观察身体的对称性以及正在进行的每一个动作的准确程度和运动模式。

◆ **流畅**：从身体核心部位开始，带动全身肌肉的协调运作，准确做出目标姿势，同时集中精神在自己身体上，保证每块肌肉的可控性，通过正确的深呼吸法营造出一个有节奏的、流畅的运动模式。这就是说，你需要非常有效地进行运动，每一份力气都用在对的地方，流畅稳定地展现目标动作。对自己要有耐心，给自己足够的时间让身体和思维慢慢连通，更好地带动身体做出流畅的普拉提动作。

横式呼吸

关于呼吸的重要性，约瑟夫·普拉提已经在他的作品中给我们都做了脉络清晰的总结："呼吸，是我们降生于世做的第一件事，也是最后一件事"。即使如此，仅仅是知道我们的生命离不开呼吸，这是远远不够的。掌握正确的呼吸方式，完全投入到呼吸过程中，将会给你的普拉提运动带来翻天覆地的变化。练习普拉提需要你完全地、深入地进行呼吸，抓住每一次吸气的机会，尽可能多地吸入新鲜的空气，而每一次呼气时，都尽量把肌体代谢产生的废气排泄出去，这个氧化过程使得血液能够不断循环运行。充分的呼吸和深呼吸能够为你的每一个动作提供足够的动能，所以说，呼吸是普拉提的一项非常基础的内容。本书中提到的每一项锻炼项目都辅以精准的呼吸指导，从而配合完成特定动作。呼吸将会贯穿整个运动过程，促进肌体完成每一项运动。

这里我们要谈的呼吸技巧，就是指横式呼吸。横式呼吸，也叫胸式呼吸，是指进行深度呼吸，将新鲜的空气输送到身体的两侧和背部，乃至肺下叶。通过这样的呼吸，可以保持腹部肌肉紧绷，为整个下背部提供支持。为了使这一过程更加顺畅，我们可以通过鼻子吸气，然后从嘴巴呼出，就好像我们平常吹灭蜡烛一样。当你通过鼻子吸气时，想象一下你的胸腔在向身体外侧扩张，就像一把正在慢慢打开的雨伞，或者正在拉开的手风琴。而当你通过嘴巴呼气的时候，则想象着胸腔正由身体的外侧向内收缩，就像一件正在收紧的束身衣，让胸腔向髋骨回落。

正确的横式呼吸对于正确的身体姿态和练习过程中注意力的集中，都是非常重要的。你可以每天面对镜子做这个呼吸练习，直到你能够看到自己的胸腔在吸气时向外扩张，呼气时向内收缩，使自己在实际锻炼的时候，更容易遵循并执行这种呼吸方式。

骨盆底肌运动

什么是骨盆底肌,为什么我们需要知道如何控制它去做运动?普拉提运动的指导员通常都会被问到这个问题,因为这对于每一个初学者而言都是一头雾水。骨盆底肌,是支撑膀胱、直肠、女性子宫和男性前列腺的结构,骨盆底肌是支撑腹腔底部,核心深层肌肉的最底端的肌肉,能够在呼吸的过程中给脊椎提供相应的支撑。

收缩骨盆底肌能够帮助你更好地控制腹横肌,维持肚脐以下耻骨以上的骨盆中立位,腹横肌相当于是整个下背部和脊椎的一个至关重要的稳定器,骨盆底肌的收缩,不仅能够起到支撑的作用,对于普拉提运动还有一定的帮助,它能够改善基础普拉提姿势。

把骨盆底肌想象成一个位于臀部、耻骨和大腿之间,由肌肉组成的吊床。要调动这一组肌肉,吸气,然后在呼气时试图上提并收紧骨盆底肌。那种感觉,就好像你正在试图憋尿,或者像一个正在向上升起的电梯,在这个过程中尽量不要牵动其他部位的肌肉,比如臀大肌或腹肌。动作幅度会相对较小,大部分都是内部位移,只能自己感知,其他人是看不到的。骨盆底肌运动属于一类即时运动,白天的任何时候、任何地点都可以进行,当你进行运动时,呼吸的过程中能感觉到骨盆底肌的收缩轻松自如,不再会觉得很费劲。

正确的身体姿势

掌握了呼吸法和骨盆底肌运动技巧之后,你必须还能保持脊椎和身体的正确姿势。理想状况下,在工作室里跟一个获得普拉提专业认证的教练一起锻炼,这样能够确保你做的每一个动作都是准确无误的,就算是不正确的,也能及时得到纠正。如果这个条件无法实现,你可以在镜子前面完成以下练习。

你可以在自己身体上做出明显容易分辨的标记,从而帮助你找到正确的身体姿势(如图1.1所示)。需要非常注意的是,只有通过不断地锻炼,才能获得良好的动态姿势。每天都做下面这些练习,可以获得良好的姿势和运动起点。从下向上开始,尝试着纠正自己身体各个部位的姿势。

1. 直立站在一面全身镜前,客观地审视自己的身体。

2. 从审视自己的腿开始,向下看自己的腿,看看它们是否始终保持齐平,理想状况下,你应该能够看到膝盖骨的中心部位跟髋骨处于同一条纵向直线上,并且踝关节中部位于膝盖中部正下方。

3. 接下来,审视你的髋部,看看髋骨两端是否保持

眼睛平视前方

两肩保持齐平,自然放松

臀部自然伸展

双腿保持对齐

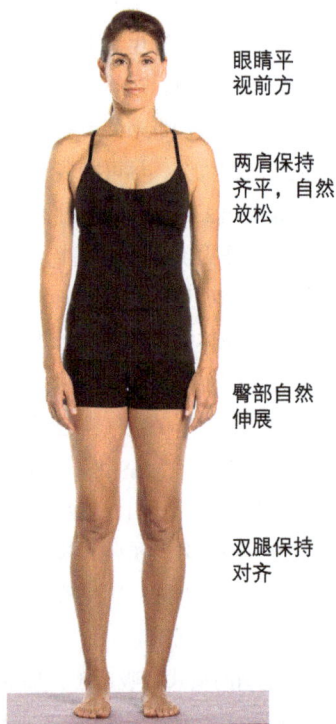

图 1.1 找到最好的站立姿势

相同高度。如果没有，尽可能将它们调整到同一水平位置。

4.接下来，看向肩部位置，大多数人两肩并不一样高，总有一肩相对高于正常肩部位置，这会对上背部和颈部区域产生一定的压力。此时，你应该尽可能把肩部放平，不要让身体的其他部位有任何压力。只要你热身了，肩部放平这道程序进行起来就更加容易，但是一定要站在镜子面前调整对齐，这样你才能知道锻炼的时候自己需要在哪些地方尽量保持平齐。

5.最后再审视一下头部，看向你的眼睛，看看它们是否保持水平，如果不是的话，那你的脑袋可能向一边倾斜了，这也表明你的身体或颈部是紧张的。如果两眼不是很平齐，那么可以通过一些细微的调整，使双眼看起来齐平且稳定。

这些调整现在看起来可能比较困难，但是至少此时你已经开始注意身体的平衡了。现在看到的是身体正面的平视图，没有必要扭曲去看侧面或背面。现在最好看到这种身体对齐方式，并了然于心，然后你就可以在运动过程中运用这种知识，度量自己的进步。

对于站立以外的位置调整，你还可以了解以下这些调整身体特定部位的标准（如图1.2、图1.3和图1.4所示）。需要记住的是，肌肉紧张和损伤都会增加身体调整的难度，这两项影响因素通常是调整身体姿势的首要阻碍。另外，还需要耐心点，在你的动作范围内尽可能放缓运动节奏，从而找到一种方法，最小化身体的不适感或疼痛感。

头部位置：当我们站立或坐着的时候，耳垂应该在肩峰上方，脊柱曲线在颈部的地方，会轻微向前弯曲。当你仰面躺下的时候，放松肩部，不要用力，下巴慢慢向下靠近胸部位置，此时你的颈部应该会有种从后面被拉长的感觉。在做这种调整的时候，你可能有必要在头部下方放一个小枕头或浴巾用以支撑。当你调整跪姿的时候，想象着你的眼睛一直盯着前方，而颈部的后方时刻与背后的墙壁紧贴，始终保持一条直线。当你俯身趴下的时候，在前额下放一块垫子，再一次感受颈部后方拉伸的长度。

保持耳垂在肩部顶端的正上方

向下压肩，肩部越来越远离耳垂

胸腔向下运动，慢慢向髋骨部位靠近

图 1.2　找到好的坐姿

伸长颈部

确保髂前上棘（ASIS）与耻骨
联合跟地面保持平行

肩部放松

图1.3　找到好的平躺姿势

眼睛平视前方

保持颈部挺直

向下压肩，肩部
逐渐远离耳垂

图1.4　找到好的跪姿

　　骨盆和脊椎的位置：不管你的身体保持在哪个平面上，髂前上棘（ASIS）和耻骨联合都要保持与平面平行，我们就将其定义为中立位置。举个例子，当你背部着地平躺着的时候，中立位置是与地面平行的，当你侧躺着、坐着或是跪着的时候，中立位置就是跟你背后的墙壁保持平行的位置。

　　肋骨的位置：当你站着、坐着或是躺着的时候，可以适当地对肋骨用力，特别是下方的几根肋骨，将其拉向髋骨部位，这其实是对该区域的一种放松软化的过程，同时也能够拉长身体背部的侧向曲线。

　　肩胛骨和肩部的位置：肩胛骨是位于背部上方的两块对称的蝶状骨，正常情况下，它们应该能顺着后背均衡地滑动。而肩部则通常应该向下运动，不断远离耳部，由于不良姿态和坐姿习惯，常常产生圆肩，从而导致这个动作无法进行，但是如果你能在运动过程中有意识地进行调整，并且持之以恒，那么随着时间的推移，这一问题是可以得到改善的。

锻炼时间的选择

按照约瑟夫·普拉提的建议，每天仅仅锻炼 15 分钟即可。不过，即使普拉提是一项随时都能进行的日常运动，要你在自己的日程表里安排一段普拉提锻炼时间可能还是不太现实。

从健身的长远方向考虑，制定一个确保能够坚持实施的锻炼时间表是非常重要的，这比每天设置一个锻炼目标但却不能坚持照做要实际得多。完成长远目标需要很大的动力，而设置一些切实可行的短期目标对于成功而言，更事半功倍。我们前面谈到的呼吸法也可以每天进行练习，可以将其作为新一天的开始，同样也可以将其作为一天运动的结尾。从呼吸开始，每周抽出两天时间，每天运动 10~15 分钟，尝试一些简单的初始动作，坚持一段时间之后，可以再增加一些练习，延长锻炼时间至每周两次，每次 20~30 分钟。如果你一直有锻炼的习惯，可能还会想要增加运动难度，挑战一些中等或高难度的动作，可以增加运动时长至每周两次，每次 45~60 分钟。如果想要挑战高难度运动，可以增加每周的锻炼次数，或是增加动作难度，也可以两者同时进行。普拉提是一种非击打式的锻炼，每天坚持运动的话，就能收获显著的健身成果，尽情地享受你的运动旅程吧！进行每一项动作时，多留意自己身体的柔韧性和肌肉力量，以便绘制你的健身进度图表。

对于刚开始锻炼的健身者，还有想要丰富当前运动内容的朋友来说，普拉提绝对是一项非常棒的运动。如果你忠于对自己的承诺，那么很快就能看到健身效果了！

饮食注意事项

虽然练习普拉提没有什么特别的养生饮食食谱，但你还是应该考虑在做普拉提的时候吃什么，吃多少。作为一项高度强调身体 – 心灵相通的运动，要想从普拉提中最大限度地获益，应该多吃一些能够让自己保持清醒且营养均衡的食物。同时，因为普拉提主要调动的是身体的核心部分，尤其是腹肌，所以吃得太饱肯定会不舒服。实际上，尽管你也不想运动进行到一半时就体力不支，但在一定程度的空腹状态下，说不定真的能够更好地运动呢。复合性的碳水化合物类、瘦肉蛋白加上少量优质的脂肪，将会是非常好的选择，因为比起简单的碳水化合物或糖类，这些能够更好地维持肌体的能量输出。做普拉提的时候，不需要特意选择运动饮料，但水分的摄入还是必需的，单纯的水就是最佳的选择。

安全性

在开始介绍具体的普拉提练习动作之前，我们可以先回顾一下本章前面介绍的内容，根据自己的体型做相应的调整，因为这些都会在后面介绍的运动中涉及。做任何一项运动时，请谨慎进行这些位置的调整，尤其是第一次运动前。如果你的身体有任何损伤、慢性疾病或是怀孕的话，在开始运动之前，请及时去医院，得到医生的许可或是相关建议后方可进行锻炼。对于刚接触普拉提的人来说，刚开始的几节课都会很具挑战性，但当你了解了动作的技巧和呼吸的韵律之后，锻炼起来就没那么困难了。对自己耐心一些，花点时间通读一下运动指南，每一个动作多练习几遍，多做几次就熟悉了，做起来会很轻松，并且从一个动作切换到另一个动作的时候也会更容易。毕竟，熟能生巧！

尽情享受你的普拉提之旅吧！

第 2 章

站姿热身运动和拉伸运动

　　本章主要介绍的是以站姿热身运动和拉伸运动为基础的普拉提前期准备，让运动者在接下来的垫上运动过程中保持清醒的头脑，以及做不同动作所需的良好的身体状态。站姿热身时，学会通过正确的方式调整身体的姿势，这对于日常运动中的姿势调整和整体的平衡性也是至关重要的。这些练习能够让你感到十分清醒，充满活力，运动起来也稳健有力，从而为后面的练习打下坚实的基础。

调整普拉提初始站姿

运动水平

◆初级水平健身者。

禁忌人群

◆下背部、臀部、膝盖、脚踝或脚部有伤的人群。

目标部位

◆身体意识与姿态。

运动益处

◆开发清醒的全身意识。

◆帮助找到身体的中立位置和自然的站姿，以及正确的调整方式。

◆专注于身心连通。

向上抬头，头部向上顶

手臂保持放松，自然垂放在身体两侧

尾骨指向地板方向

全身的重量均匀分布在双脚上

1 双脚平行站立，就像数字 11 一样，脚跟位于坐骨中部正下方。吸气，感受胸腔向外扩张，带动臀部一起向上提拉，从而拉伸脊柱。呼气，感受胸腔向内收缩，回到初始位置，同时脊柱也恢复到原来的状态。这是大多数站姿运动的标准起始位。

2 保持这个姿势，呼吸 4~6 次，感受身体正在慢慢拉长。每一次呼吸都有助于集中注意力，将全身的意识和大脑思维连接起来。

动作的细微调整

吸气，脚跟并拢；呼气，两脚的脚趾向外呈 V 字形，平稳站立。

感受从脚跟到大腿内侧骨盆处慢慢向内收紧

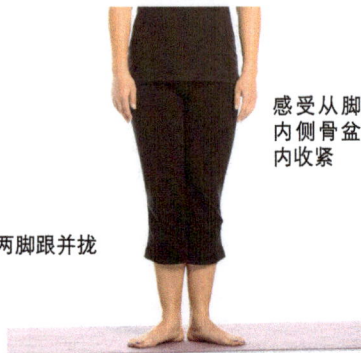

两脚跟并拢

肩部热身

运动水平

◆初级水平健身者。

禁忌人群

◆肩部受伤者。

目标部位

◆肩部肌肉和上背部肌肉。

运动益处

◆增加肋骨上方和肩胛骨的活动范围。

◆更好地完成姿势和呼吸练习。

◆热身，激活肩胛带。

1 保持调整后的普拉提站姿，挺直站立，双臂平直上抬，与肩同高，手心相对。吸气，通过调动腹肌以及拉伸脊柱，调整上半身进入运动状态。

2 呼气，尽量分开肩胛骨，同时肩部分别朝着双手指尖的方向滑动。保持下半身的稳定性，上半身一边呼吸一边运动，下半身不要有任何动作。

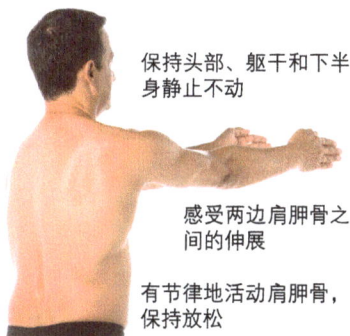

保持头部、躯干和下半身静止不动

感受两边肩胛骨之间的伸展

有节律地活动肩胛骨，保持放松

3 吸气，肩胛骨向内收缩，越过脊柱的中立位置，双肩胛尽量靠拢。手臂始终保持在肩部的正前方，每呼吸一次，动作更深入一些，能够感受到身体更大程度的拉伸。如此重复5~10次。

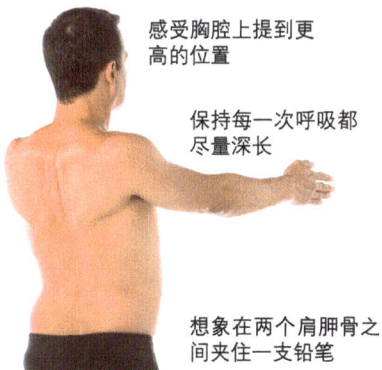

感受胸腔上提到更高的位置

保持每一次呼吸都尽量深长

想象在两个肩胛骨之间夹住一支铅笔

提踵深蹲

运动水平

◆初级水平健身者。

禁忌人群

◆髋部、膝盖或脚踝处受伤的人群。

目标部位

◆腿部。

◆核心部位。

运动益处

◆全身的热身。

◆建立呼吸和动作之间的协调性。

◆为身体做剧烈运动打好基础。

1 保持调整后的骨盆中立位普拉提站姿,双手自然垂放在身体两侧,双脚平行站立。髋骨髂前上棘和耻骨的平面与身后的墙面平行,使骨盆中立。下背部的肌肉或髋部屈肌不应该有任何压力。

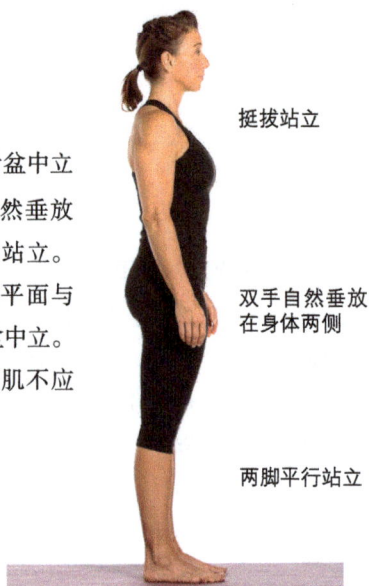

挺拔站立

双手自然垂放在身体两侧

两脚平行站立

身体的全部重量均匀分布在双脚上

双臂向上伸直,举过头顶,肩部相对向下用力

2 吸气,提起脚跟,双臂举过头顶时,全身的重量都集中在脚尖上。

脚踝用力绷直,保持其与坐骨的对称性

动作的细微调整

脚跟放在垫子上或是稍稍抬起脚跟。

14

恢复到站姿，采
用调整后的普拉
提站姿，感受身
体的舒展、变长、
变高

视线保持水平

感受胸腔打开，
胸骨上提

双臂平直伸向前
方，与肩同高，或
者稍微低于肩部的
高度，保持肩部继
续向下用力

将身体的重心均匀
分布在双脚上，从
前端到后端，从左
侧到右侧

确保脚后跟和
坐骨保持在同
一条直线上

身体的重心转移
到脚后跟上

3 呼气，恢复到调整后的普拉提站
姿，双臂自然垂放在身体两侧。

4 吸气，稍微屈膝，下肢慢慢向下
用力，向前平举双臂与肩同高，在下蹲的
过程，身体重心落在双脚的脚后跟上。

动作的细微调整

双臂平直伸到肩部高度时，
膝盖始终保持伸直。

5 呼气，恢复到调整后的普拉提站
姿。重复 5~10 次这样的拉伸动作。

手臂伸展

运动水平

◆初级水平健身者。

禁忌人群

◆下背部、肩部和手臂受伤的人群。

目标部位

◆手臂上部、后部和肩部的肌肉。

运动益处

◆使上半身和上肢得到热身。

◆放松肩关节。

◆扩大肩胛骨自由滑动的运动范围。

◆为手臂支撑上半身做好准备。

向下压肩，逐渐远离耳朵

感受上臂后方以及肩部区域的拉伸

1 挺直站立，右臂越过身体前方，停在胸部位置，左手握住右臂，按压在右肘上。向下压肩，尽量远离耳朵，就好像肩胛骨滑向后面的口袋里一样。保持30~45秒，或者做3~4次深呼吸，然后换到左臂重复刚才的动作。

2 挺直站立，右臂向后越过右肩，右手能够得着背部中区或是靠近左肩的位置，根据自己的灵活性最大限度地拉伸。左手握住右肘，拉伸肱三头肌，你应该能够感觉到，从髋骨右方开始，整个右半边身体都在向上提升，从髋骨沿着身体的一侧向上臂部后方拉伸。保持 30~45 秒，或者做 3~4 次深呼吸，然后换到左臂重复相同的动作。

保持头部伸直，向后用力按压抬起的那只手臂

肩部下压，远离耳朵

脊柱保持挺直

3 挺直站立，右手举过头顶，然后身体向左侧倾斜，左手自然下垂在身侧。这样的拉伸能够帮助你打开肋间肌的距离（肋骨之间的肌肉），从而帮助呼吸，让你能够更轻松地进行深呼吸。保持 30~45 秒，或者做 3~4 次深呼吸，然后换到左手再重复同样的动作。

感受沿着身体右侧的拉伸

身体的重心全部放在双脚上，但大部分重心还是放在右脚上，从而最大限度地拉伸

腿部伸展

运动水平
◆初级水平健身者。

禁忌人群
◆髋部、膝盖或脚踝受过伤的人群。
◆眩晕症患者。

目标部位
◆腿部、髋部和下背部的拉伸。

运动益处
◆热身，放松腿部和髋部。
◆改善身体的平衡性和控制性。
◆调整好下半身，以便进行更剧烈的运动。

感受腿后部和下背部的拉伸

腹部收紧，以支撑下背部

在肌体灵活性允许的情况下，尽可能地伸直双腿

1 采用调整后的普拉提站姿，吸气，身体向前弯曲折叠，膝盖稍微弯曲，呼气，继续向下，如果需要的话，可以继续屈膝。在肩部放松的同时，胸部逐渐贴近大腿前部。保持 30~45 秒，或者做 3~4 次深呼吸，然后站直回到初始站姿。

保持肩部向后，脊椎笔直，保证挺拔站姿

感受尾骨末端下沉

腹肌用力，向内收紧

髋部稍稍用力向前，加强髋关节和股四头肌的伸展范围

保持膝盖指向下方，远离髋部，大腿内侧贴近或双腿相触

2 左腿挺直站立，右手从身体后方抓住右脚，拉向臀部，带动髋部略微向前滑动。右手抓住右脚，呼气，感受髋关节和股四头肌的伸展范围。保持 30~45 秒，或者做 3~4 次深呼吸，然后换到另一条腿，做相同的动作。

3 左腿单腿站立，微微下蹲，呈稍向后的坐姿，右脚踝交叉放在左腿的大腿上。双手可以分别放置在髋部两侧，或是自然垂放在身体两侧。向内上方收腹，继续下蹲，进一步拉伸外旋肌。保持 30~45 秒，或做 3~4 次深呼吸，然后换到另一条腿做同样的动作。

颈部与脊椎骨保持在同一条直线上，视线略向前下方

向内上方收腹，从而支撑下部脊椎

感受臀部一侧的拉伸

下巴略微向胸部收拢，颈部保持与背部对齐的位置

尾骨向后以拉伸腘绳肌

双手放在大腿上，以支撑下背部

站位的细微调整

从调整后的普拉提站姿开始，吸气，然后右腿稍稍向身体前方移动，左膝微弯曲。在髋部运动时呼气，上半身向前下方略微倾斜，双手放在左大腿上，以支撑下背部。保持 30~45 秒，或者做 3~4 次深呼吸。换另一条腿，做相同的动作。

坐姿的细微调整

右腿向身体前方伸直，坐在垫子上，同时保持其与右髋部在同一条线上；左腿向内弯曲，左脚抵放在右腿大腿内侧上方。髋部向前扭动，拉伸上半身，坐骨向后方位移时吸气，尽量保持脊柱挺直伸长；肩部向后向下用力，上半身前倾，慢慢贴向大腿，或者直到双手能够扶住胫部。保持 30~45 秒，或者做 3~4 次深呼吸，然后换到另一条腿做相同的拉伸。

眼睛看向前下方，从而使颈部和脊椎保持在同一条线上

双手扶住大腿上部或胫部，以支撑下背部

坐骨保持后移以拉伸腘绳肌

骨盆时钟

运动水平

◆初级水平健身者。

禁忌人群

◆脊柱损伤或患有慢性脊柱疾病的人群。

目标部位

◆躯干部分的肌肉和骨盆肌肉。

运动益处

◆开发脊柱关节的肌体意识,帮助锻炼出健康的脊椎关节。

◆增强下背部的柔韧性。

◆使脊椎部分的肌肉得到热身。

◆正确引导骨盆的位置,使其尽量中立或居中。

1 采用调整后的普拉提站姿挺直站立,双手摆放在胯部的两侧,这样两侧的手能够较好地掌握髋部和骨盆哪里运动、怎么运动。

2 骨盆底部开始运动，横向启动腹部肌肉，就像腹部肌肉被向外拉扯。吸气，尾骨上提，骨盆后壁轻微拱起（向前倾斜或者说前凸），这是一个 6 点钟的姿势。

尾骨向后上方滑动，感受下背部的收缩

你可能还会感觉到躯干前部的拉伸

3 呼气，腹部向内后方凹动，尾骨下沉（后倾）。这是一个 12 点钟的姿势，重复这个动作 5~10 次。

肩部和脖子尽量放松

向脊椎后上方收腹，从而支撑后背部

保持臀部不受挤压

向下卷动

运动水平

◆初级水平健身者。

禁忌人群

◆低血压或高血压人群。

◆脊柱损伤或是患有慢性
脊柱疾病的人群。

目标部位

◆躯干部位和腿部肌肉。

运动益处

◆拉伸上背部和下脊椎。

◆拉伸腘绳肌。

◆锻炼强化脊柱关节。

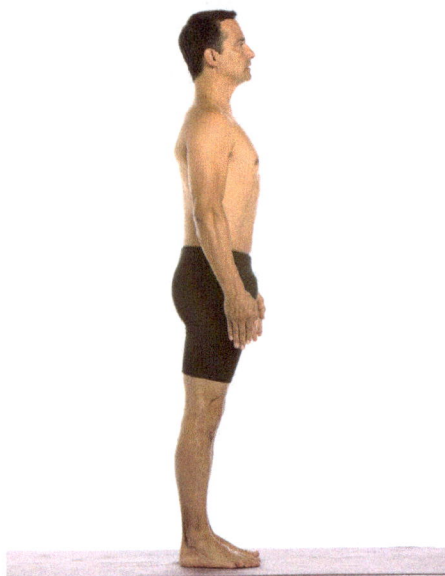

1 保持调整后的普拉提站姿，挺直站立。

感受从脖子下方沿着脊
柱向下，一直到腘绳肌
的拉伸

想象着自己的背
部正从墙壁上慢
慢脱离下来

必要时，双膝微
微弯曲

保持全身的重心集中
在脚后跟上，脚跟始
终落在垫子上

2 吸气，下巴向下贴近胸部，每次向下卷动
一节椎骨；呼气，继续向下卷动，直到双手能够
触到运动垫为止。

3 上半身悬空平行于地面，双手轻轻擦过垫子，或者差不多碰到垫子，这取决于你的柔韧性。吸气，开始向上回卷，呼气，继续向上回卷，直到重新挺直站立。想象一下，在你回到站姿的过程中，脊柱一节一节地重新堆叠起来。

颈部和肩部尽量放松

向脊椎内上方收腹，以支撑背部

动作的细微调整

如果腘绳肌比较紧，可将前臂靠放在大腿上，暂时停止卷动，膝盖微微弯曲。腰椎微微转动，拉伸脊椎；下巴内收，贴放在胸前，以保持颈部与脊柱之间合理的对齐性；深呼吸，回卷到直立的位置上。

继续收腹，以支撑腰椎

前臂停放在大腿上，以支撑腰椎

耸肩运动

运动水平

◆初级水平健身者。

禁忌人群

◆肩部有损伤的人群。

目标部位

◆上背部和肩部肌肉。

运动益处

◆使肩带部位得到热身。

◆增加肩部和肩胛骨区域的运动范围。

◆上半身做好接下来剧烈运动的热身准备。

1 采用调整后的普拉提站姿，挺直站立，双手自然垂放在身体两侧，骨盆和脊柱保持中立位。

2 吸气，双肩上提，逐渐靠近耳朵，就好像正在耸肩。感受双肩正努力地向耳朵靠近，像挂了一个耳坠。

眼睛始终看向前方

保持下半身稳定和中立

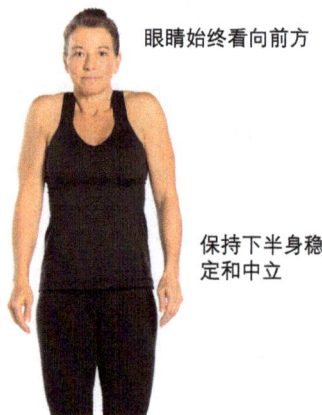

3 呼气，双肩向下回落，最大限度地放松。利用重力和身体的惯性向下放松肩部。肩部向下回落的力道越强，身体的放松程度也就越大。重复这个动作5~10次。

肩部放松回落，向下远离耳朵

有控制且放松地移动上半身

保持躯干稳定

第 3 章

垫上跪姿运动

　　跪姿运动为我们下一章要讲的垫上躺姿运动做了一个非常好的铺垫。跪姿运动热身能将身体提前调整到能够适应更高难度动作的状态，同时也能让身体获得更好的柔韧性和灵活性。这些运动完成起来很轻松，也可作为其他运动项目的过渡或热身。垫上跪姿运动通常是单膝或单手、双膝或双手，或者双膝同时运动的。

婴儿式

1 屈膝向前，跪坐在垫子上，脚趾着地；双膝微微分开，与髋同宽，或者更宽一点。双脚的脚面贴在垫子上，双肩位于髋部的正上方，两手平放在大腿上。

向后上方收腹，以支撑腰椎

从头部到尾骨尽可能拉伸脊椎

手臂放松，然后五指打开，自然平放

2 身体前倾，手臂向前方伸直，手掌平放在肩部的正前方，前额抵在膝盖前方的垫子上，保持这个姿势做4~6次深呼吸。

动作的细微调整 1

如果脚面确实不太灵活，可以脚尖点地，卷起脚趾；如果大腿肌肉太紧，也可以稍稍增加双膝之间的距离。

动作的细微调整 2

如果肩部肌肉比较紧或是受过伤，可以握拳，两个拳头交叉叠放在额头下方。

双臂外旋

上臂保持活跃
及运动性能

尾骨下沉

运动水平

◆初级水平健身者。

禁忌人群

◆下背部、脊椎或膝盖受伤的人群。

目标部位

◆肩部肌肉和手臂肌肉。

运动益处

◆改善肩胛骨的灵活性。

◆使上半身更加活跃，且保持稳定性。

◆激活核心肌肉，激发核心区域的运动意识。

1 屈膝跪地，双臂弯曲，前臂与地面保持平行，掌心向上。如有必要，在膝盖处多放置一个垫子。膝盖可以并拢（不过这样对于保持平衡来说难度会更大一些），也可以稍微分开，与髋同宽；尾骨和坐骨一起下沉。吸气，感受双肩下压，逐渐远离耳朵；腹部向脊椎方向收紧，从而支撑下背部。

肩部不要向
前卷动

双臂外旋的距
离一定要在舒
适的范围内

保持肘部始终在
肩部的正下方

2 呼气，前臂向身体两侧外旋。

3 吸气，手臂回到初始位置。重复以上动作5~10次。

斜向收缩

运动水平
- 初级水平健身者。

禁忌人群
- 膝盖或下背部受伤的人群。

目标部位
- 躯干和脊柱部位的肌肉。

运动益处
- 加强腹斜肌群。
- 激发下背部的运动意识。
- 提高骨盆和髋骨的稳定性。

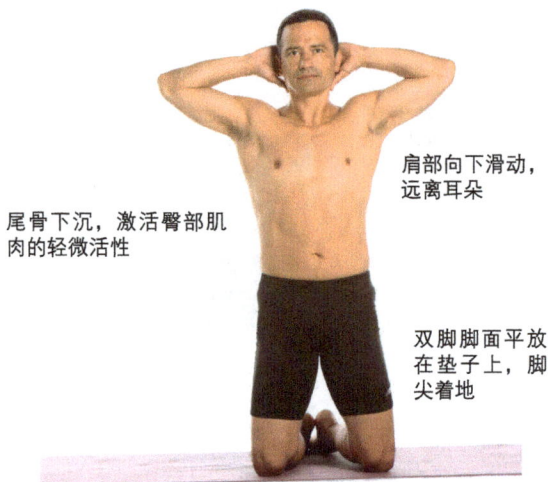

肩部向下滑动，远离耳朵

尾骨下沉，激活臀部肌肉的轻微活性

双脚脚面平放在垫子上，脚尖着地

1 跪在垫子上，膝盖和髋骨保持在同一条线上（如有必要，可以在膝盖下方多放一块垫子）。

吸气，手臂向上举过头顶；呼气，屈肘，双手分别放在头部后方。再一次吸气，同时调整上半身和腹肌的运动活性，为下一步运动做好准备。

肘部保持外翻，且随着身体运动

锁骨打开，呈笑脸状

激活背部肌肉的活性

2 呼气，右侧的肋骨向左髋骨方向扭转运动，激活背部两侧肌肉的活性；吸气，重新回到跪姿直立位置，双手始终放在头部后方。

3 呼气，左侧的肋骨向右髋骨方向扭转移动；吸气，回到初始位置。如果身体很难保持平衡，将脚紧紧贴在垫子上，重复该动作，身体两侧各6~10次。

保持髋部和骨盆固定不动

猫牛式

运动水平

◆初级水平健身者。

禁忌人群

◆下背部、膝盖或手腕受伤的人群。

目标部位

◆脊椎和后背部的肌肉。

运动益处

◆增加脊椎的柔韧性。

◆使背部下方、中部和上方得到拉伸。

◆激发身体前侧的运动活性。

双脚的脚尖按压在垫子上　　向脊柱方向收腹　　上臂用力，手臂伸直

1 四肢着地，屈膝跪在垫子上，膝盖位于髋部正下方，腕部则位于肩部的正下方。

吸气，从头部到尾骨拉伸后背，将全身的重心均匀分布在双手和膝盖上，五指分开，向下按压。

背部上方和中部向上拱起，指向天花板，感受背部的拉伸

膝盖始终保持在髋部下方

手腕始终保持在肩膀下方

2 呼气，双手向下按压，转动脊椎，继续向内收腹，就好像被向内拉扯一样。骨盆下沉，骨盆底肌用力，感觉骨盆底部慢慢上抬，就像一部通向胃部和横膈膜的电梯，这就是猫式动作。

膝盖始终保持在髋部正下方

向下压肩，远离耳朵，手腕始终位于肩部的正下方

3 吸气，尾骨向天花板方向倾斜，同时肋骨和胸部向下贴近地面；抬头挺胸，眼睛望向天花板。重复该动作2~3次，或者做5~10次呼吸。回到婴儿式动作（见第26页），调整呼吸，手腕和背部尽量放松。

跪姿摆臀

保持脊椎长直，呈中立位

保持收腹，腹部向脊柱方向用力收紧

肩部远离耳朵

膝盖始终贴在垫子上

1 从四肢着地开始，保持双膝按压在垫子上；轻轻抬起右小腿，脚尖平直伸出，吸气。

感受身体左侧的拉伸，同时右侧沿着腰部收缩

保持手肘伸直

双手五指打开，按压在垫子上

2 呼气，右脚向右摆动，同时身体向右侧弯曲，眼睛看向右脚；移动小腿时，保持右膝始终落在垫子上。

感受举起的那条腿的腘绳肌的热身，慢慢开始运动

保持上臂的活动性，激活运动意识

3 吸气，右脚向身体左侧摆动，同时身体向左侧弯曲，眼睛看向右脚。继续这一动作5~7次，放下右脚。吸气，换到左脚再重复以上动作5~7次，从左向右运动。

运动水平
◆初级水平健身者。

禁忌人群
◆脊椎、膝盖和手腕受伤的人群。

目标部位
◆躯干部分和腿部肌肉。

运动益处
◆增加脊柱的侧向灵活性。
◆使腘绳肌和身体两侧肌肉得到热身。
◆激活核心区域。

胸骨下垂

运动水平

◆初级水平健身者。

禁忌人群

◆脊椎、膝盖、手腕和肩部受伤的人群。

目标部位

◆肩部肌肉和上背部肌肉。

运动益处

◆促进机体做出更好的姿势。

◆热身，激活肩带部位。

◆激活肋骨和肩胛骨。

双肘始终保持伸直

保持上臂的运动活性和稳定性

1 屈膝跪在垫子上，膝盖保持在髋部的正下方，与此同时手腕保持在肩部的正下方，脊椎和躯干呈一个长直对齐的中立位。

2 吸气，让胸骨和胸部逐渐向下贴近地面，两个肩胛骨越过后背部向中立位逐渐靠拢。

始终保持下脊柱中立稳定

头部始终保持在中立位置，与脊椎平直对齐

3 呼气，双手向下按压，中背部略微顶起，肩胛骨向天花板方向舒展。想象一下，两个肩胛骨之间有一个手提包又被人拿走的那种感觉，两个肩胛骨分开并在上背部伸展开来。重复以上动作6~10次。

动作的细微调整

如果手腕有伤，不能做这个动作的话，可以尝试站姿肩部热身运动，也能获得相似的效果，热身肩胛带区域。

跪姿侧向踢

腹部向内收紧，以保护下背部

保持右臂伸直，且上臂部用力

运动水平
◆初级水平健身者。

禁忌人群
◆膝盖、手腕或脊椎受伤的人群。

目标部位
◆腿部肌肉和髋部肌肉。

运动益处
◆使腘绳肌和臀部屈肌得到拉伸。
◆加强锻炼大腿外侧肌肉。

1 右腿屈膝跪在垫子上，左腿从髋部向外伸出，左脚放在左髋一侧的垫子上，右手位于右肩正下方，按压在垫子上，与右膝保持在同一条直线上。左臂屈肘，左手放在头部后方；吸气，腹肌准备运动，感受它们向内收缩，以保护下背部；呼气，然后抬起左腿，向身体一侧平直伸出，与髋同高。

保持上半身始终挺直
且固定不动

腿部尽量保持伸直

2 连续两次吸气，将左腿向前踢出，感觉到腘绳肌的拉伸后再停下来，保持左腿伸直，左脚自然勾起。

3 呼气，左腿向后摆动，与髋同高。脚尖向前伸直，感受髋部的屈肌拉伸。如果身体的柔韧性不是很好，则可以适当减小运动范围。

左腿侧向踢，重复以上动作 10 次。换右腿侧向踢，再重复 10 次。

动作的细微调整

如有必要，如下图所示，膝盖可以稍稍弯曲。

第 4 章

垫上侧卧位运动

在普拉提中，一共有 3 种垫上卧式运动：侧卧，也就是本章要介绍的内容；俯卧（趴在垫子上），我们将在第 5 章介绍这种卧式运动；还有一种是仰卧（躺在垫子上），这种卧式运动我们会在第 6 章介绍。侧卧式运动的介绍从肩部和身体两侧的拉伸开始，然后是一系列帮助腿部塑形的、常见的侧卧式运动。这个系列的运动可以先完成一侧，然后另一侧重复相同的动作；也可以在完成一组后切换到另一侧，分组完成两侧的系列动作。即使每一项训练都熟练之后，也一定要像第一次那样耐心地完成每一组动作，这样才能继续在运动过程中受益。

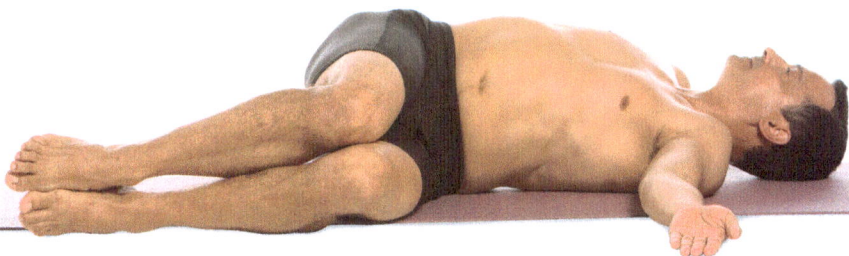

对于侧卧式运动而言，可以直接选择标准位置（如图 4.1 所示），也可以做一些较简单的调整（如图 4.2 和图 4.3 所示）。在选择一个侧卧式运动的标准姿势时，舒适是首要考虑的因素。这种运动对于一侧的髋关节可能会有很大的压力，也会有部分压力分散到髋骨的大转子上，为了在没有压力或较舒适的情况下顺利地完成每一项运动，释放压力相对来说就很重要了。也可以在身下再放一个垫子，但是加一个垫子也不见得有帮助。在敏感区域围上一个带孔的垫子，从而支撑大转子部位，这么做其实只对一部分人有帮助，不过也间接证明了该项运动的难度和繁复性。采用图 4.3 所示的细微调整可能会容易一些，并且不需要购买太多道具，对于记住颈部的舒适区域也很重要。考虑到肩部的宽度因人而异，有时用道具还是很有必要的，就像图 4.2 所示的那样，保持头部和颈部、肩部在同一条线上。

侧卧时，一定要尽量带动核心肌肉的运动，同时找到躯干另一侧肌肉的运动和脊柱之间的平衡。那种感觉就像你的身体被支撑在两堵墙或两块玻璃板之间。核心肌肉和躯干肌肉的调动，能够帮你保持侧身时身体的平衡性，使你在没有任何紧张感的情况下，上半身始终保持正确的姿势。同样需要注意的是，务必保持下面那条腿的肌肉参与运动，帮助保持身体平衡，并且躯干和身体中立位始终对齐。这有助于保持头脑清醒，全身心地投入到各项运动中，不过同时也增加了普拉提的难度。

标准的侧卧式姿势（如图 4.1 所示）为：侧躺着，然后两腿向下伸直，略低于髋部的高度，就像正常站着的那样。两腿、脚踝、膝盖、臀部以及勾起的脚分别叠放，就像站在地面上时双腿并拢的样子，此时双腿稍稍放向身体的前方。如图 4.1 所示，从髋部看，身体和两腿有一个轻微的角度，手臂紧贴地板，越过头顶，放在耳朵下方。选择最舒适的方式，手掌可以保持向上或向下。

图 4.1　标准的侧卧式姿势

如果觉得脖子有点僵或是有点紧，可以在头部下面枕个小枕头或道具块（如图 4.2 所示）；最好选一个小一点的枕头或道具块，因为大道具可能会扭曲颈部和头部原本保持的那条线。选用的枕头或道具块一定要保持头部和颈部在同一条线上。当你把手臂放在肩部的前方，或者是手臂越过头顶、平躺在垫子上时，可以进行这样的细微调整。

侧躺时，双腿叠放。如果你的侧腿或大转子比较敏感的话，那就稍微弯曲膝盖，使其与臀部保持齐平（如图 4.3 所示）。

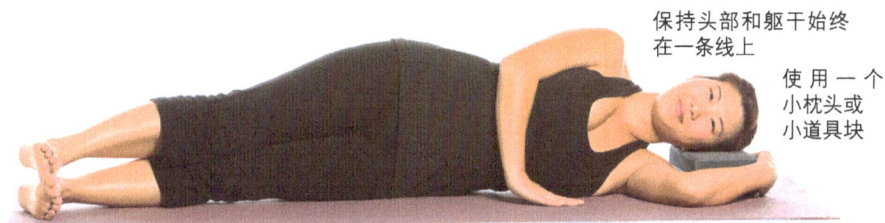

保持头部和躯干始终
在一条线上

使用一个
小枕头或
小道具块

图 4.2　侧卧位的细微调整：枕着一个枕头或道具块

屈膝时，脊椎始终保持平直挺拔

膝盖放在髋部的正前方或
者稍下的位置

图 4.3　侧卧位的细微调整：下面的那条腿屈膝

风车式

运动水平

◆初级水平健身者。

禁忌人群

◆肩部或颈部受伤的人群。

目标部位

◆肩部、上背部和胸部的肌肉。

运动益处

◆增强肩胛骨的活动能力。

◆保持上半身的稳定，帮助协调肩部和肩胛骨的动作。

◆使胸部和肩部得到伸展。

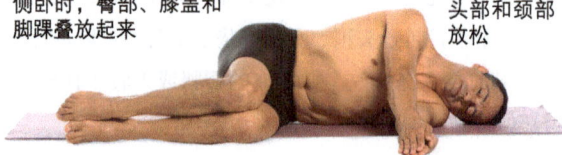

侧卧时，臀部、膝盖和脚踝叠放起来

头部和颈部放松

1 侧卧时，双膝略微弯曲，置于髋部前方；沿着垫子边缘调整背部曲线，尽量保持挺直。手臂放在胸部正前方，双手相互叠放，掌心相对，头部正常放在垫子上。

腹部肌肉向内收紧，从而支撑脊柱

左手平伸出去，放在地面上

2 吸气，指尖沿着头部上方画一个半圆，同时指尖始终与垫子保持接触。如果肩部比较紧的话，那就在需要的时候举起手臂，脱离垫子。

如果不觉得难受，还可以向后看着自己的手

臀部和膝盖分开

感受肩部的拉伸

3 呼气，继续这个动作，在头部上方画一个半圆；在柔韧性许可的范围内，手指尽可能向后靠近背部和肩膀。保持手臂伸直，如有必要，可以将手指伸出垫子，缓慢而有节奏地运动，使得上面那只手臂的下方和身体上侧都能得到更好的拉伸。

4 再次开始吸气，手臂在头部上方沿着刚才的路线画一个半圆，回到初始位置。呼气，在头顶上再画一个半圆，然后上面那只手重新叠放在下面那只手上。重复这个动作5~8次，然后换到身体另一侧，重复上述动作。

侧卧抬腿

感受腰部从地面上被拉起来，从肋骨处逐渐拉长

双脚自然放置，就像站着时一样

如果需要，你可以稍微弯曲下面的那个手肘，支撑头部

1 躯干部分与垫子的后边缘保持平直，侧卧在垫子上，髋部略微弯曲，保持双腿略向身体前方；双腿伸直，互相叠放在一起，脚趾向前。头部枕在下方的那只手臂上，手掌放平，掌心向下或向上。上面的那只手臂屈肘放在胸前，以作支撑。

上侧的那条腿从下面的那条腿上抬起，感受其向外伸出，慢慢远离髋部

抬腿时，髋部微曲，腰部保持不动

下面的那条腿用力收紧，帮助保持身体的平衡

2 吸气，抬起上侧的那条腿，慢慢远离下面的那条腿，抬到髋部的高度，或者稍微高一些。

两条腿保持强健有力

慢慢放下腿时，保持躯干固定不动

3 呼气，上侧的那条腿慢慢下落，放到下面的那条腿上，重复该动作8~10次。你可以继续做下一个侧卧动作，也可以换到身体的另一侧，抬起另一条腿，重复刚才的动作。

运动水平

◆ 初级水平健身者。

禁忌人群

◆ 髋关节外侧区域（大转子）相对比较敏感的人。

◆ 髋部、颈部、肩部、肘部或腕部等处受伤的人群。

目标部位

◆ 大腿内侧和外侧肌肉，外旋肌。

运动益处

◆ 改善髋部、骨盆以及躯干部分的控制性和稳定性。

◆ 强化髋部、臀部和大腿外侧肌肉。

难度延伸

从髋部位置开始抬上侧的那条腿，在腰部不向下侧弯曲的情况下，尽可能把腿抬高。

侧卧单腿画圈

运动水平

◆初级水平健身者。

禁忌人群

◆髋部外侧区域（大转子）较为敏感的人。

◆髋部、颈部、肩部、肘部或腕部等受伤的人。

目标部位

◆大腿内侧和外侧，以及外旋肌。

运动益处

◆改善髋部、骨盆以及躯干部分的控制性和稳定性。

◆强化髋部、臀部和大腿外侧肌肉。

下面的那只脚自然放置，就像站着时一样

感受腰部被从地上拉起，从肋骨处逐渐拉长

如有必要，下面的手臂屈肘，以支撑头部

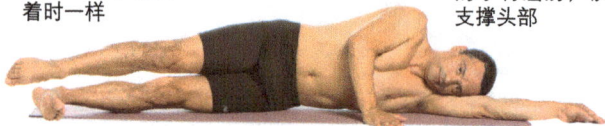

1 躯干部位与垫子的后边缘保持对齐，侧卧在垫子上；髋部微曲，使得双腿置于身体略前方，双腿伸长挺直，互相叠放在一起。下面那只脚的脚趾头向前自然弯曲，上面那只脚的脚面伸直。头部枕在下面的那只手臂上，手掌平放，掌心向下或向上；上面的那只手臂屈肘，放在身体的前方，以保持身体的平衡。

确保抬起的是上侧的那条腿而不是髋部，腰部保持伸长

2 吸气，上面的那条腿向前方和上方做环形运动，确保环形范围尽可能小，约有一个餐盘的大小即可，从而维持躯干部位的稳定性。

尽量保持上半身固定不动

3 呼气，上侧的那条腿继续做环形运动，向后，然后向下掠过下面的那条腿，向前方做环形运动。重复运动8~10次，然后开始向后方绕环，重复运动8~10次。你可以在身体的这一侧继续下一个侧卧动作，也可以换到另一侧重复上腿绕环运动，每个方向都重复8~10次。

侧卧前踢

双脚呈自然背屈状态，就像站立的时候一样

感受腰部被从地面上拉起，从肋骨处逐渐拉长

如有必要，下面的那只手臂屈肘，用以支撑头部

1 躯干部位与垫子的后边缘保持对齐，侧卧在垫子上，髋部微屈，使得双腿置于身体略前方；双腿伸长挺直互相叠放在一起，脚趾呈自然背屈状态。头部枕在身体下方的那只手臂上，手掌平放，掌心向上或向下。上面的那只手臂屈肘，平放在身体前方，以作支撑。

只要腘绳肌能够负荷，就尽可能向前伸腿，躯干部位固定不动

上面的那条腿可以与髋同高

2 用鼻子吸气两次，向外踢出上侧的那条腿，并弹动两次，上面的那只脚呈自然背屈状态，从而加强拉伸。

上半身保持不动，平直挺拔

上面的那只手臂平放在身体前方，用以支撑

调动腹肌确保躯干部位固定不动

3 呼气，收回上侧的那条腿，脚趾下压向前伸直，在髋屈肌能够负荷的情况下，尽可能向髋部后方伸腿，躯干部位不要扭动，或者说不改变躯干的位置。重复这个踢腿的动作8~10次，你可以在身体的这一侧继续做下一个侧卧动作，也可以换到身体的另一侧做侧卧前踢。

运动水平

◆中级水平健身者。

禁忌人群

◆髋部外侧区域（大转子）较为敏感的人。

◆髋部、颈部、肩部、肘部或腕部等受伤的人群。

目标部位

◆大腿内侧和外侧，外旋肌、腘绳肌和髋屈肌。

运动益处

◆改善髋部、骨盆以及躯干部分的控制性和稳定性。

◆强化髋部、臀部和大腿外侧肌肉。

◆使腘绳肌和屈髋肌群得到拉伸。

侧卧点地

运动水平

◆中级水平健身者。

禁忌人群

◆髋部外侧区域（大转子）较为敏感的人。

◆髋部、颈部、肩部、肘部或腕部等受伤的人。

目标部位

◆大腿内侧和外侧肌肉，外旋肌、腘绳肌、髋屈肌和臀部。

运动益处

◆改善髋部、骨盆以及躯干部分的控制性和稳定性。

◆强化髋部、臀部和大腿外侧肌肉。

下面的那只脚自然放置，就好像站着时一样　感受腰部被从地面上拉起，从肋骨处逐渐拉长　如有必要，下面的那只手臂屈肘，用以支撑头部

1 躯干部位与垫子的后边缘保持对齐，侧卧在垫子上，髋部微曲，使得双腿置于身体略前方，双腿伸长挺直，互相叠放在一起。下面那只脚的脚趾头向前自然放置，上面那只脚的脚面伸直。头部枕在下面的那只手臂上，手掌平放，掌心向下或向上；上面的那只手臂屈肘，放在身体的前方，以支撑身体的平衡。

感受肋骨逐渐被拉离垫子

2 吸气，抬起上侧的那条腿，高于髋部的高度，尽可能抬高腿，不要让肋骨压向垫子。

保持上半身固定不动

3 上面的那只脚向前放下，落在下面那只脚的前方几厘米之内；做两次深吸气，脚尖点地两次，动作核心转移到大腿内侧。

4 吸气，抬起上侧的那条腿，高于髋部的高度，尽可能把腿抬高，不要让肋骨压向垫子。

上侧的那条腿向下回落，并保持上半身不动，深呼吸，专注于大腿内侧

5 做两次深呼气，上面的那只脚放到下面那只脚后面几厘米的地方，脚尖点地两次。重复该动作 5~10 次。你可以在身体的这一侧继续做下一个侧卧动作，也可以换到身体的另一侧重复相同的踢腿动作。

侧卧单腿蹬车

运动水平

◆中级水平健身者。

禁忌人群

◆髋部外侧区域（大转子）较为敏感的人。

◆髋部、颈部、肩部、肘部或腕部等受伤的人。

目标部位

◆大腿内侧和外侧肌肉，外旋肌、腘绳肌、髋屈肌和臀大肌。

运动益处

◆改善髋部、骨盆以及躯干部位的控制性和稳定性。

◆强化髋部、臀部和大腿外侧的肌肉。

◆使屈髋肌群和腘绳肌得到拉伸。

下面的那只脚自然放置，就好像站着的时候一样

感受腰部被从地面上拉起，从肋骨处逐渐拉长

如有必要，下面的那只手臂屈肘，用以支撑头部

1 躯干部位与垫子的后边缘保持对齐，侧卧在垫子上，髋部微曲，使得双腿置于身体略前方，双腿伸长挺直互相叠放在一起。下面那只脚的脚趾头向前自然放置，上面的那只脚的脚面伸直。你的头部枕在下面的那只手臂上，手掌平放，掌心向下或是向上，上面的那只手臂屈肘，放在身体的前方，以支撑身体平衡。

向髋部屈膝抬腿时，保持躯干部位挺拔

上面的腿抬起，与髋同高

2 吸气，上面的那条腿屈膝，膝盖提到髋部正前方，与地面保持平行。如果你的腘绳肌比较紧的话，提膝到髋部以下的高度即可。

上面那条腿向身体前方伸直，躯干部分保持挺直拉伸

3 继续吸气，向髋部正前方伸直上面那条腿，如果觉得自己的腘绳肌比较紧的话，可以稍微屈膝。

上半身保持平稳固定

颈部尽量放松

4 呼气，上面的那条腿向后摆动，越过下面的那条腿，摆到髋部后方，上面那条腿尽量伸直。

保持上半身不会向前或是向后摆动

一定要确保向前摆动的次数与向后摆动的次数完全相同

5 继续呼气，上面那条腿向髋部后方弯曲，向前方重复运动 5~8 次，然后再向反方向做蹬车运动，开始向后摆动的"新模式"。如果你已经完成了身体一侧的单腿蹬车系列动作，可以换到另一侧重复相同的动作；或是如果你已经完成一侧所有的侧卧练习后，可以换到身体另一侧，完成另一侧完整的侧卧练习循环，现在，从抬腿开始（见第 39 页）。

第 5 章

垫上俯卧位运动

　　垫上俯卧位运动，对加强整个后背肌肉组织的力量是非常有效的。对于准确完成各项动作，以及帮助减轻下背部疼痛感来说，强健的后背都是至关重要的。如果你的后背部比较敏感，或者是以前受过伤害，又或者是有一定的运动局限性，那么在设置运动项目和调整动作幅度的时候，需要特别注意。还需要记得的是，为了确保运动过程中背部的安全性和支撑性，一定要调动下腹部的肌肉。当你完成一些或是所有的俯卧运动时，可以用第 3 章（见第 26 页）的婴儿式运动拉伸放松腰椎部。

反向伸展

运动水平

◆ 中级水平健身者。

禁忌人群

◆ 下背部、肩部或是腿部等处受伤，或者是有明显疼痛感的人群。

目标部位

◆ 腘绳肌、背部肌肉、肩部肌肉和核心肌肉。

运动益处

◆ 强化腘绳肌、背伸肌、臀部肌群。

◆ 使躯干部位得到拉伸。

◆ 调动肩膀和手臂的运动活性。

◆ 激活核心区域。

肩胛骨用力下拉，逐渐远离耳朵，向后背下方运动

感受自己的身体在伸长，就像一条蛇趴在垫子上

向脊椎方向收腹

1 双臂越过头顶伸直，趴在垫子上，掌心向下，双腿向外伸出，脚背放在垫子上，两腿分开约坐骨间距大小的距离，吸气准备。

保持头部向下放在垫子上

2 呼气，抬起一只手臂，同时抬起相反一侧的那条腿，稍稍离开垫子，腿部尽可能拉伸，不强调高度。稍微抬起手臂和腿，感受自己正被向相反的方向拉拽。

手臂和腿慢慢放下时，上半身保持伸长

向上后方收腹

3 吸气，慢慢将抬起的手臂和腿放回到垫子上。

感觉自己正在被拉长，每一次拉伸时，都比上次更用力

肩部下压，逐渐远离耳朵，背部下移

头部始终放在垫子上

4 呼气，抬起另一个手臂和相反一侧的那条腿，吸气，手臂和腿放回到垫子上，两侧交替进行，重复这个动作4~6次。

股四头肌伸展

上半身尽量放松

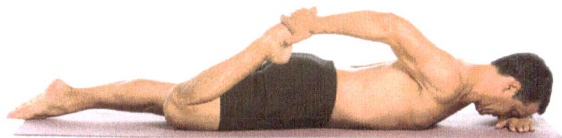

向脊椎方向收腹

1 一只手臂屈肘，趴在垫子上，前额垫在这只手臂的手背上，另一只手向后抓住同一侧的那只脚的脚背，向后屈膝，把脚拉向臀部。双腿打开，约坐骨间距大小的距离，吸气，以做准备。

后背不要拱起

始终保持头部向下

在舒适的范围内尽可能抬高

2 呼气，当你的手抓住脚背时，膝盖稍稍从垫子上抬起，你会感觉到抬起那条腿的前部受到拉伸，保持30~45秒，然后换到另一侧，重复动作。

运动水平

◆ 中级水平健身者。

禁忌人群

◆ 背部，手臂，腿部或膝盖等处受过伤，或者是有明显疼痛感的人群。

目标部位

◆ 大腿、后背、肩部和髋部。

运动益处

◆使股四头肌得到拉伸。

◆使能够支撑膝盖的肌肉得到拉伸。

◆强化背部肌肉。

◆激活核心肌肉。

俯卧单腿后踢

运动水平

◆初级水平健身者。

禁忌人群

◆下背部、肩部、肘部或膝盖等处受伤，或者是有明显疼痛感的人群。

目标部位

◆腘绳肌、上背部、肩膀和腹部。

运动益处

◆强化腘绳肌。

◆强化上背部肌肉。

◆使腹部肌肉得到拉伸，强化腹部肌肉。

◆使股四头肌得到拉伸。

◆提高肩关节的稳定性。

臀部轻轻向内挤压，尽量将耻骨压向垫子，拉伸腰椎

头部、颈部和躯干部分始终保持在同一条直线上，肩部向下背部滑动

向脊椎方向收腹

1 头部和躯干部位抬离垫子，前臂放在肩部正下方的垫子上，肘部用力，撑起整个胸腔。

腿部向后运动时，上半身固定不动

2 吸气，一条腿向后屈膝，脚部是自然背屈状态。然后脚跟向臀部方向驱动两次（踝关节跖屈，即绷脚），呼气，腿伸直回到起始位置。

腹部向上拉伸，臀部轻轻向内挤压

对肘部施压，撑起胸部，肩部下沉

3 吸气，另外一条腿向后屈膝，脚部呈自然背屈状态。然后脚跟向臀部方向驱动两次（踝关节跖屈，即绷脚）。呼气，腿伸直，回到起始位置。重复该动作 8~10 次，双腿交替运动。

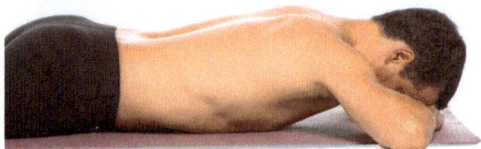

动作的细微调整

如果你的肩部并不是十分强健，或者是曾经受过伤，那就双手交叠放在肩膀正前方，前额垫在手背上。

收腹，腹部离开垫子，如果碰到垫子，那么最好及时抬起来

泳式

抬起手臂和其相反一侧的腿，重心上抬，感受身体的拉伸

肩胛骨向下拉动，远离耳朵，背部下沉

向脊柱方向收腹

1 双臂向头部前方伸出，趴在垫子上，掌心向下，略微抬起高于垫子。一只手臂抬到高于肩膀的高度，另一只则略低于肩膀，一条腿抬高至髋部以上高度，另一条则略低于髋部。双腿打开约坐骨间距大小的距离，深吸一口气，以做准备。

动作幅度要小，速度要快

2 呼气，分别位于两侧的手臂和腿，振臂踢腿，数5下，动作幅度尽量小。

3 吸气，继续振臂踢腿，数5下，脊柱伸直拉长，同时向内上方收腹，重复运动4~6次深呼吸。

动作的细微调整

你也可以降低振臂踢腿的动作和呼吸频率，慢慢地、有条不紊地运动。

运动水平

◆初级向中级水平过渡的健身者。

禁忌人群

◆下背部、肩部或腿部等部位受伤，或是有明显疼痛感的人群。

目标部位

◆腘绳肌、背部肌肉、肩部肌肉和核心区肌肉。

运动益处

◆强化腘绳肌，背部肌肉和臀部肌肉。

◆使躯干部位得到拉伸。

◆调动手臂和肩膀运动活性。

◆激活核心区域。

◆改善全身的协调性和平衡性。

双腿后踢

运动水平

◆ 中级水平健身者。

禁忌人群

◆ 下背部、肩部、肘部或膝盖等处受伤，或者是有明显疼痛感的人群。

目标部位

◆ 腘绳肌、上背部和肩部。

运动益处

◆ 强化腘绳肌。

◆ 强化上背部肌肉。

◆ 使胸部得到伸展。

◆ 使股四头肌得到拉伸。

◆ 改善肩部的稳定性、柔韧性和灵活性。

臀部轻轻向内挤压，将耻骨压向垫子，从而拉伸腰椎

肩部和颈部尽量放松

向脊椎方向收腹

1 手臂向后屈肘，趴在垫子上，双手置于背部。头部转向身体一侧，一只耳朵贴在垫子上。双腿打开约坐骨间距大小的距离，双腿肌肉收紧，向后上方收腹，腹部离开垫子。

在膝关节可适应的舒适范围内，尽可能向后屈膝

脚跟向臀部方向驱动时，上半身保持固定不动

2 吸气两次，双膝向后弯曲，脚跟向后踢向臀部，头部始终转向一侧不动。

眼睛看向前方，视线略微向下，从而保持颈部与躯干部位始终对齐

保持头部和上背部始终在同一条线上

臀部轻轻地向内挤压

腹部始终向上拉伸

3 呼气，双腿伸直抬起，离开地面，同时，双臂伸直，双手依然合掌紧握背在身后，上半身抬起。

扭头时，注意感受脖子
两边灵活性的差异

4 吸气，下半身回落到垫子上，再一次向后屈膝，头
部扭向身体另一侧。头部放到垫子上，向后屈膝时，手臂屈
肘，双手放在下背部上方。重复该动作 4~6 组。

动作的细微调整

　　如果你的肩膀和手腕处肌肉紧绷，那么，当你抬起
或放下上半身的时候，双臂可以沿着身体两侧伸直。

身体呼气上抬，活化
并收缩上臂

吸气，屈膝，双臂沿着身体两
侧平放在垫子上

天鹅下潜

运动水平
◆ 中级水平健身者。

禁忌人群
◆ 下背部、肩部、腕部等处受伤，或者是有明显疼痛感的人群。

目标部位
◆ 腘绳肌、上背部和肩部肌肉。

运动益处
◆ 强化腘绳肌、背伸肌和臀部肌肉。

◆ 使腹部肌肉得到拉伸。

◆ 提高肩部稳定性。

◆ 增加背伸肌的活动范围。

向脊柱方向收腹

肩胛骨向下拉动，逐渐远离耳垂，背部下沉

1 双臂屈肘，向下趴在垫子上，双手放在肩头前方外侧的垫子上。前额贴在垫子上，大腿内侧分开约坐骨间距大小的距离，双腿肌肉收紧，向内收腹，腹部离开垫子。臀部轻轻向内挤压，将耻骨按压到垫子上，同时拉伸腰椎。

臀部轻轻向内挤压，腰椎保持拉伸，且得到一定的保护

胸骨上抬，胸腔舒展开来

在腰椎能够适应的舒适范围内，上臂尽可能伸直

2 吸气，双手向下用力按压，将你的上半身从垫子上抬起。

感受腘绳肌的运动和收缩

眼睛看向下方，头部趋向垫子

保持腹部向内上方收缩

3 呼气，上半身慢慢回落到垫子上，双腿向后抬起，指向天花板，重复该动作 4~6 次。 如果后背没有感觉太疲惫的话，可以继续挑战一下难度更大一些的延伸动作。

延伸动作

第 3 步做完之后，吸气，双手用力向下按压（同第 2 步），抬起上半身，慢慢放下双腿。呼气，双手抬起，离开垫子，上半身慢慢回到垫子上，同时双腿向后抬起，脱离垫子。还有一个可选动作（没有示意图），那就是，手臂推动身体稍稍抬离地面，然后身体向前摇摆，这套动作可以重复做 4~6 次。

肩胛下压，逐渐远离耳朵，手臂向前触垫

整个运动过程中，腹部肌肉始终向脊柱方向内收

俯卧撑

1 采用调整后的普拉提站姿（见第12页），挺直站立，双臂上抬，高过肩膀位置。感觉自己的身体被拉长，变高，头部顶向天花板，双脚完全落在垫子上，稳步站好。

1 采用调整后的普拉提站姿（见第12页），挺直站立，双臂上抬，高过肩膀位置。感觉自己的身体被拉长，变高，头部顶向天花板，双脚完全落在垫子上，稳步站好。

肩胛骨向下拉动，逐渐远离耳朵，背部下沉

向脊柱方向收腹

运动水平

◆中级向高级水平过渡的健身者。

禁忌人群

◆下背部、肩部、肘部、腕部等处受伤，或者是有明显疼痛感的人群。

目标部位

◆手臂部位的肌肉、腹部肌肉、腿部肌肉和髋部肌肉。

运动益处

◆强化全身肌肉。

头部和肩部放松，脊椎自然向下卷动

2 吸气，下巴靠近胸部位置，脊椎向下慢慢卷动，一次下沉一节脊椎，双手伸向垫子，直到手指触到地面为止，如果有需要，在手臂向下够垫子的时候，可以稍稍屈膝。

慢条斯理地完成动作

肩胛骨向下拉动，肩头逐渐远离耳朵，背部下沉

保持身体的拉伸

腹部内收，尽量远离垫子

3 呼气，双手向身体前方移动，直到形成一个斜板的姿势，手腕分别在对应的肩膀正下方。作为一个调整动作，你可以保持这个姿势，做几次深呼吸，然后再从第6步做到动作结束。

臀部跟身体保持在同
一条线上　　　　　　肩部向后下方拉伸

感受肘部轻轻地刮擦着肋骨

4 吸气，身体慢慢向下，逐渐靠向垫子，手臂向下后
方屈肘。

手臂始终伸直，避免肩部向耳朵方向上提

手臂伸直
时，身体
也尽量保
持挺直

5 呼气，手臂伸直，手掌向下用力按压，身体逐渐远
离垫子，重复第4步、第5步的两个动作4~10次。

6 吸气，双手向后移动，趋近双脚，呼气，脊背挺直
站立，双手自然垂放在身体两侧。

动作的细微调整

做俯卧撑，屈肘或伸直双臂时，双膝始终保持弯
曲，放在垫子上。

手臂屈肘或伸直时，脊
柱始终保持平直拉伸

脚踝不要相
互交叉

双脚始终放在垫子上

第6章

垫上仰卧位运动

　　本章囊括了大部分普拉提练习中最理想的垫上仰卧位运动，着重介绍平衡腹部、下背部的力量和柔韧性的动作。找到躯干部位力量和柔韧性的平衡点，对于轻松完成下面的每一个动作以及呈现整体完美姿势来说至关重要。同时，在运动及休息过程中也能尽量减少脊柱受到的压力。加强腹部肌肉和背部肌肉的运动能力，继而锻炼出更加强壮的核心肌肉，这也是普拉提运动的最终目标。

做垫上仰卧位运动有 3 个基本起始位可选：骨盆自然中立位、脊柱仰卧全贴位和有支撑的脊柱中立位。有人可能会发现，自己做垫上仰卧位运动时，头部得到一定的支撑会让身体感觉更加舒服，那么就在脑袋下面枕一块小枕头或是一小块毛巾，这能够帮助颈部保持在一个比较舒适的位置。

骨盆自然中立位（如图 6.1 所示），腰椎会形成它自己的中立曲线，这个中立位取决于肌肉组织、体格大小、上腹部肌肉和组织的数量。对于有些人，采用这种中立位时，腰椎会被轻轻地抬起，加之其自然曲线，下背部会脱离垫子；对于另一些人，采用这种中立位时，下背部是全部接触地面的。理想情况下，骨盆的顶部（髂前上棘，即 ASIS）和耻骨与垫子平面会形成一个三角，你可以在垫子上轻轻地前后滚动，从而在骨盆前后位之间找到一个舒适的中立位置。你要找的这个中立位不会让脊椎或身体的其他地方感到受压，如果你的脊柱没有什么特别问题或明显的疼痛感，那么这个中立位是可以选用的。

注意：在图 6.1、图 6.2 和图 6.3 中，手臂举过头顶，能够显示出脊柱和腰椎位置的清晰视角，在做这些动作时，保持双臂由身体两侧向后下方摆动，掌心相对。

中立位自然而舒适

三角区留出的空位，可以让你的指尖在腰椎下方轻轻地滑动

图 6.1　骨盆自然中立位：腰椎的自然曲线清晰呈现了出来，髂前上棘、耻骨和垫子之间形成了一个底边水平的三角形

脊柱仰卧全贴位（如图 6.2 所示），腰椎稍微向前弯曲，拉伸腰椎，从而对背部起到一个保护的作用。大多数情况下，腰椎会实实在在地贴在垫子上，当然也不尽然。如果你觉得自己的核心肌群没那么强健，或者腰椎有明显痛感时，可以选用脊柱仰卧全贴位。有些人不能承受这种脊柱仰卧全贴位的姿势，如果你不确定自己是否可以选用这个姿势，运动前请先咨询你的医生。

向脊柱方向收腹

颈部和肩部尽量放松

腰椎轻轻向下按压

图 6.2　脊柱仰卧全贴位：腰椎稍微向前弯曲

　　有支撑的脊柱中立位（如图 6.3 所示），比较适合那些腰椎曲线过度弯曲的人，因为它能够在运动过程中支撑脊柱，避免下背部运动时超出活动范围，从而缓解动作幅度过大导致的不适感。对于腰椎曲线过度弯曲的人来说，要把腰椎正常地放在垫子上是不大可能的，甚至还会有一定的危险，可以在腰椎下方垫一块卷起来的小毛巾。选择垫腰道具的材料要足以支撑腰椎，但也不能太大，防止影响到正常活动，当你尝试慢慢地把腰椎放在垫子上的时候，还能避免上半身或臀部受到过多压力。

腰椎部位始终垫在
毛巾上

图 6.3　有支撑的脊柱中立位：在腰椎的后下方垫一块卷起来的小毛巾，防止上半身或是臀部受到过多的压力

单腿画圈

运动水平

◆初级水平健身者。

禁忌人群

◆下背部或髋部有疼痛感，有损伤或是慢性疾病的人群。

目标部位

◆腹部肌肉、腿部肌肉和肩胛骨附近肌肉。

运动益处

◆改善髋部和腿部的柔韧性。

◆使髋部关节和骨盆得到热身。

◆建立肩胛骨附近肌肉的运动意识，维持其稳定性。

◆强化腹部肌肉。

手掌向下按压，激活背部的运动意识，增强其稳定性

1 背部着地，平躺在垫子上，双臂自然平放在身体两侧，掌心向下。一条腿伸直上抬，越过髋部正上方，脚趾向前伸直，指向天花板，平放在垫子上的那只脚自然放置。

抬腿运动时，双手继续向下用力按压

抬腿运动时，脊柱和髋部始终保持稳定

2 吸气，抬起的那条腿向下画圈时，划擦过平放那条腿的某些部位。

上半身保持固定不动，但要尽量放松

髋部保持稳定

3 继续吸气，抬起的那条腿向下绕圈至某个角度，这是单腿绕圈动作划过的第一个半圈。

整个运动过程中，腹部
肌肉始终参与动作，保
持强健有力

抬腿绕环时，保持髋部
和骨盆的稳定性

4 呼气，上抬的那条腿向身体外侧运动，然后向上，绕回
到髋部正上方的初始位置。到这里，就完成了一个完整的绕环
动作，重复以上动作 5~10 次。再沿着相反方向重复 5~10 次相
同模式的单腿绕环动作，然后两腿交换，换到身体另一侧重复
上述动作。

动作的细微调整

　　如下图所示，弯曲抬起的那条腿，大腿与小腿之间保
持一个小角度，或者是像图中演示的那样，形成一个直角。

骨盆卷动

运动水平

◆初级水平健身者。

禁忌人群

◆躯干部位或肩部有明显的疼痛感，有损伤或是慢性疾病的人群。

目标部位

◆后背部、腿部和手臂肌肉。

运动益处

◆强化背部肌肉。

◆加强腿部肌肉，尤其是腘绳肌。

◆增强核心肌肉群的稳定性和肌肉力量。

◆激活脊柱和骨盆的运动活性。

◆激活核心区域。

骨盆和脊柱同处于中立位，尾骨平放在垫子上，自然放松

想象一下，在两膝之间轻轻地放一只玻璃球，以保持双膝平行相对

1背部着地，平躺在垫子上，双膝弯曲，脚跟与坐骨保持在同一条线上。双手自然平放在身体两侧，掌心向下。吸气，继续保持这种脊柱和骨盆的中立位。

肩部和颈部尽量放松

向垫子方向收腹

2呼气，骨盆向下微卷，脊柱稍稍用力向下按压垫子。

动作一定要轻缓，就像摇篮一样来回摇摆

3吸气，回到初始位置，重复第2步4~6次，需要注意的是：如果你在头部下方垫了一块毛巾或是其他道具，在进行第4步之前，先拿开那些道具。

颈部后方保持拉伸，下巴向胸部位置靠近

髋部用力上抬，保持骨盆中立位及其稳定性

4完成第3步的重复次数之后，尾骨向下卷曲，呼气，髋部向上用力抬起，一次上抬一节椎骨。

呼吸，感受躯干部分的拉伸。
肩胛骨上部向上抬起，颈部保
持不动

感觉呼吸及能量由
大腿上部顺着身体
传递

骨盆、肩部和膝盖始终保持在
同一条线上

5 吸气，上抬髋部，到达臀桥最高位置。

躯干部位保持挺直拉长，身
体回落到垫子上时，胸部慢
慢放松

这个过程中，大腿和
膝盖不要外展或内
扣，始终保持双腿平
行且稳定

感觉自己的脊骨与垫子融为一体

6 呼气，慢慢放下悬在空中的脊背。

动作应该要缓慢且有节律

肩部和颈部尽量放松

整个运动过程中，
脊椎骨始终呈一条
直线

每重复一次运动，脊椎骨都比之前更
打开一些

7 吸气，身体保持在这种中立位，重复第4步4~6次。

一百次

运动水平

◆初级向中级水平过渡的健身者。

禁忌人群

◆躯干部位有疼痛感，有损伤或是慢性疾病的人群。

目标部位

◆腹部肌肉、手臂肌肉和腿部肌肉。

运动益处

◆使全身得到热身。

◆腹部肌肉运动时，学会正确的呼吸方法。

◆加强腹部肌肉力量。

◆改善上背部的柔韧性。

◆在上半身上抬（腹部练习）过程中，引导你找到头部的正确位置。

上半身尽量放松

1 双腿屈膝躺在垫子上，双脚放平，保持脚跟与坐骨在同一条直线上。根据你的个人情况，选择采用骨盆中立位，脊柱仰卧全贴位或是有支撑的脊柱中立位。双手伸直放在身体两侧，掌心向下。这就是本书中大部分腹部基础练习的起始位置。

2 吸气，抬起一条腿至髋部上方，呼气，抬起另一条腿至髋部上方（就是我们所说的仰卧屈膝位）。吸气，下巴向下靠近胸部（但不要抵在胸口），从而拉伸颈部。

运动过程中，目光落在两条腿的大腿中间

在整个运动过程中，脊柱始终保持在初始位置

3 呼气，向上抬起上半身，上脊柱略向前弯曲，双手水平悬放在垫子上方。你可以选择停在这里坚持这个动作，也可以尝试挑战一下别的姿势。吸气，上半身保持不动，双手振臂5次（大约5秒），呼气，再振臂5次（大约5秒），重复以上动作10次或保持呼吸10次。

64

为了增加这项练习的难度，你可以变换仰卧屈膝位，伸直双腿，使之与上半身呈45度角。

脊柱始终保持在
初始位置

动作的细微调整

如果你的下背部抬离了垫子，可以尝试双腿伸直上抬至髋部上方，取代抬起腿至与地面呈45度角的动作；如果你的腘绳肌比较紧的话，还可以稍微屈膝。

仰卧卷起

运动水平

◆初级向中级水平过渡的健身者。

禁忌人群

◆躯干部位或是颈部有明显的疼痛感，有损伤或是慢性疾病的人群。

目标部位

◆腹部肌肉、背部肌肉和肩胛骨部位的肌肉。

运动益处

◆强化腹部肌肉。

◆改善下背部的柔韧性。

◆锻炼脊柱关节。

1 双臂向上平直伸出，越过头顶，平躺在垫子上。手臂可以碰到地板，也可以不碰到，这个取决于个人肩部的灵活性和上背部肌肉的松紧度。如果你的下背部肌肉比较紧的话，可以采用有支撑的脊柱中立起始位，这样能够在上半身卷动的时候，帮助缓解腰椎的紧度。双腿并拢，内侧紧贴，脚面可以平伸出去，也可以自然放置，这个取决于身体的舒适程度。

腹部肌肉内收，帮助拉伸并支撑腰椎

2 吸气，手臂上抬，指向天花板，头部卷起，下巴向胸部靠近，脊柱逐渐离开垫子，每次只卷起一节脊椎骨。

肩部向下用力拉伸，慢慢远离耳朵，手臂向前伸直

腹部肌肉始终保持内收凹陷，以支撑腰椎

腰椎向前卷动

如有需要，也可以屈膝

3 呼气，身体继续向前卷起，直到双臂跟地面保持平行，悬在双腿的上方。

展开脊椎，像摊开一串珍珠项链，每次向后放下一节椎骨

如果需要的话，可以屈膝

专注于上半身回落向垫子时腰椎部位的拉伸

4 吸气，开始向身体后方回落，上半身逐渐放低到垫子上，双臂始终位于胸部前方。

腹部肌肉始终参与运动，这样你才能随时做好再次卷起的准备

下半部分肋骨向下用力，慢慢压向垫子

5 呼气，身体慢慢下放，手臂向上伸直，举过头顶，头部重新平放在垫子上。重复该系列动作 5~8 次。

单腿伸展

运动水平

◆初级向中级水平过渡的健身者。

禁忌人群

◆躯干部位或肩部有明显的疼痛感，有损伤或是慢性疾病的人群。

目标部位

◆腹部肌肉和背部肌肉。

运动益处

◆强化腹部肌肉。

◆改善上背部的柔韧性。

◆锻炼核心肌肉群的控制力。

◆建立呼吸节奏和运动之间的协调性。

如图，头部尽可能抬高，从而让颈部处于较为舒适的状态

肩部尽量放松

目光落在双腿的大腿中部位置

1 后背平放在垫子上，双腿屈膝至髋部正上方，达到仰卧屈膝位，同时上半身上抬，手臂向前伸直至膝盖处，吸气以做准备。

背部稳稳着地，不要向两边摆动

尾骨始终停在垫子上

2 呼气，右腿伸直，与垫子呈 45 度角，左腿则向胸部位置后拉，左手手指朝着脚踝方向伸直，右手引导膝盖向胸部位置后拉。保持尾骨始终放在垫子上，如果尾骨已经脱离了垫子，那么就可以停止膝盖向后拉这一动作了。

这只是一个过渡动作，不会保持很久

3 吸气，把伸直的那条腿后拉到仰卧屈膝位，仰卧屈膝位那条腿向前伸直，头部始终保持在颈部的正上方位置。

4 呼气，屈膝的那条腿向前方伸直，与垫子呈 45 度角，伸直的那条腿屈膝向胸部方向后拉，同侧那只手的指尖向脚踝处伸直，另一只手则引导膝盖拉向胸部。重复该动作 5~10 次，两腿交替拉伸。

动作的细微调整

    如果颈部感觉有些疼痛，或者不能支撑起头部，整个运动过程中，头部可以直接靠在垫子上，也可以在下方垫一个小枕头或是折叠放置的小方巾，用以支撑颈部。如果你选择了这种方式的话，那可以把双手放在身体两侧，以支撑背部，也可以像标准版动作那样，双手伸向双腿。

双腿伸展

运动水平
◆初级向中级水平过渡的健身者。

禁忌人群
◆躯干部位或肩膀部位有疼痛感，有损伤或是慢性疾病的人群。

目标部位
◆腹部肌肉、腿部肌肉、肩部肌肉和背部肌肉。

运动益处
◆强化腹部肌肉。

◆改善上背部的柔韧性。

◆锻炼核心肌肉群的控制力。

◆建立呼吸节奏和动作之间的协调性。

尽可能抬高头部，停在颈部正上方，颈部保持在最舒适的状态

肩部尽量放松

双眼看向双腿的大腿中部位置

1 后背始终靠在垫子上，双腿屈膝抬高至髋部正上方，达到仰卧屈膝位，上半身上抬，双臂向前方伸直，越过膝盖垂直位。

双臂就放在耳朵前方。只让双臂和双腿运动，躯干和上半身始终固定不动

目光落在双腿的大腿中部位置

收腹，腹肌向脊椎方向内收

2 吸气，双腿向前伸直，与垫子呈 45 度角，双臂紧贴双耳向上伸直，手臂就放在耳朵前方，以保持头部稳定，避免颈部受压。

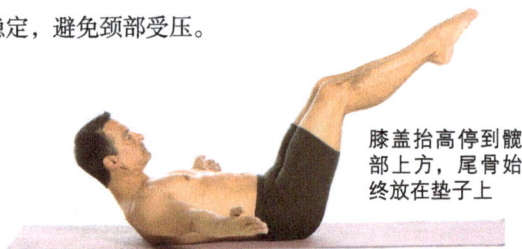

膝盖抬高停到髋部上方，尾骨始终放在垫子上

3 呼气，将双膝拉回到仰卧屈膝位，收回到髋部上方，手臂做弧线运动，回到起始位置，重复该动作 5~10 次。

双腿从髋关节处开始运动，膝盖固定

眼睛看向双腿的大腿中部位置

动作的细微调整
保持屈膝，脚尖轻轻点在垫子上，同时环绕手臂，如果必要的话，环绕手臂的幅度范围可以适当小一些。

直腿交替伸展

1 后背靠放在垫子上，一条腿伸直抬高，指向天花板，另一条腿从髋部位置用力，向前伸直，悬放在垫子上。抬起头，两只手臂同时伸向抬起的那条腿，从后面握住小腿，如果你的身体柔韧性不是很好的话，双手伸到膝盖上方位置就可以了。

如有必要，可以稍稍屈膝

腿部来回运动，呼吸换气的同时，躯干部位始终保持不动

肩部向下用力拉伸，远离耳朵

2 将抬高的那条腿拉向自己，同时平行悬停于垫子上方的那条腿用力向下弹动，远离身体，并且快速吸气两次。

保持双腿用力伸直

3 呼气，交换双腿，重复以上系列动作，两腿交替运动 5~10 组。

运动水平

◆ 中级水平健身者。

禁忌人群

◆ 躯干部位或肩膀部位有明显的疼痛感，有损伤或是慢性疾病的人群。

目标部位

◆ 腹部肌肉、腿部肌肉、手臂肌肉和背部肌肉。

运动益处

◆ 强化腹部肌肉。

◆ 改善上背部和腘绳肌的柔韧性。

◆ 锻炼核心肌肉群的控制力。

◆ 建立呼吸节奏和运动之间的协调性。

双腿直伸展

运动水平

◆中级水平健身者。

禁忌人群

◆颈部、躯干部或肩部有明显的疼痛感，有损伤或是慢性疾病的人群。

目标部位

◆腹部肌肉、腿部肌肉、手臂肌肉和后背肌肉。

运动益处

◆强化腹部肌肉。

◆改善上背部的柔韧性。

◆锻炼核心肌肉群的控制力。

◆建立呼吸节奏和动作之间的协调性。

肩膀尽量放松，然后向下用力，逐渐远离耳朵

双眼看向双腿的大腿中部位置

1 后背靠放在垫子上，双腿垂直向上抬起，垂直悬停于髋部正上方，上半身抬起，双手放在头部后方，支撑头部，手臂屈肘贴着耳朵，向外扩展。

躯干部位始终保持固定不动

脊椎始终保持在初始位置

2 吸气，慢慢放下双腿，停至与地面呈 45 度角的位置。

在可控范围内，慢慢运动

尽量不要让双腿因惯性摆动

3 呼气，双腿重新上抬，回到髋部正上方的初始位置，重复该套动作 5~10 次。

十字交叉扭转式

肩部尽量放松，向下用力，逐渐远离耳朵

双肘向外扩展

1 背部着地，躺在垫子上，一条腿屈膝抬高到仰卧屈膝位，另一条腿伸直，至与垫子呈45度角。上半身抬起，带动肩部起身，双手从后方扶住头部，肘部向外扩展，远离耳朵。躯干上部向屈膝那条腿扭转，呼气以做准备。

整个动作过程中，髋部和骨盆始终保持固定不动

2 吸气，身体回收，背部落地，两侧动作准备交换。呼气，上半身向另一侧扭转，同时两腿动作互换——屈膝的那条腿伸直，伸直的那条腿屈膝抬高到髋部上方，达到仰卧屈膝位。也可以考虑肋骨向相反一侧的髋关节处用力，取代屈肘向相反一侧扭转。重复上述动作5~10次。

运动水平

◆中级水平健身者。

禁忌人群

◆颈部、躯干部位或肩部有明显疼痛感，有损伤或是慢性疾病的人群。

目标部位

◆腹部肌肉、腿部肌肉、手臂肌肉和背部肌肉。

运动益处

◆强化腹部肌肉。

◆改善上背部的柔韧性。

◆锻炼核心肌肉群的控制力。

◆建立呼吸节奏和运动之间的协调性。

V字形体

运动水平

◆中级水平健身者。

禁忌人群

◆躯干部位有明显疼痛感，有损伤或是慢性疾病的人群。

目标部位

◆腹部肌肉和腿部肌肉。

运动益处

◆强化腹部肌肉和髋屈肌群。

◆改善机体的平衡性和协调性。

◆锻炼脊柱关节。

推肋骨向地板上压

1 仰卧，双膝合拢，屈膝至髋正上方，达到仰卧屈膝位。双臂平直向上越过头顶，如果肩部紧张，手臂可能会悬在垫子上面。

动作缓慢控制自如

伸直双膝到臀部正上方

2 吸气，双手伸向天花板，头和肩膀抬起离开垫子。双腿伸直向上，同时伸长颈部和肩膀。

胸部保持上提

背部尽量平直，看起来像字母V

3 呼气，继续向上卷动坐起。双腿与垫子呈45度角。

肩部尽量放松

向内收腹

4 吸气，上半身慢慢回落，脊柱慢慢回到垫子上，这个过程中，手臂始终向前伸直。

注意手臂或双腿不要摆动

动作尽量缓慢、有节律

5 呼气，身体继续向下回落，手臂回到头部上方的初始位置，从第 2 步开始，重复上述动作 8~10 次。

肩桥

运动水平
◆中级水平健身者。

禁忌人群
◆躯干部分或肩部有明显疼痛感，有损伤或慢性疾病的人群。

目标部位
◆背部肌肉、腿部肌肉和手臂肌肉。

运动益处
◆强化背部肌肉。

◆强化腿部肌肉，特别是腘绳肌。

◆提高核心区域的稳定性和肌肉力量。

骨盆和脊椎处于自然中立位，尾骨自然放松贴在垫子上

想象一下，双膝之间轻轻地夹着一个玻璃球，从而确保两条腿能够平行相对

1 背部着地，躺在垫子上，双腿屈膝，脚跟始终与坐骨保持在同一条线上。双手自然平放在身体两侧，掌心向下，吸气，身体做好接下来的运动准备。

下巴始终朝向胸部，保持颈部向后方拉伸

身体上抬位到肩胛骨位置即可，颈部保持不动

髋部向上用力挺起，骨盆保持中立位，且固定不动

骨盆和肩膀、膝盖始终在同一条直线上

2 呼气，髋部向上用力挺起，膝盖、髋部和肩膀形成一条直线。

抬腿时，保持髋部的稳定性

动作尽量轻缓，保持髋部和骨盆的稳定性

3 吸气，抬起一条腿向上伸直，停在同侧的髋部上方，脚尖平直伸出，指向天花板。

动作的细微调整
如果你的腘绳肌比较紧，左腿可以稍微屈膝，这样骨盆就不会凹陷下去了。

抬起的那条腿向下回落时，保持同侧髋部固定，不会向下落

抬起那条腿下放到另一条腿的膝盖位置

4 呼气，抬起的那条腿慢慢回落至髋部高度，脚部呈自然背屈状态，脚尖指向小腿方向，重复第3步和第4步5~8次。

5 在完成所有重复组数，做到最后一个动作的时候，抬起的那条腿屈膝，慢慢把脚放回到地面的垫子上。腿部在运动的时候，保持脊柱和骨盆中立且固定不动。肩膀和颈部尽可能放松，保持桥式姿势，交换另一侧腿，重复第3步和第4步5~8次。

反向卷腹

运动水平

◆中级水平健身者。

禁忌人群

◆躯干部位或肩部有明显的疼痛感，有损伤或是慢性疾病等问题的人群。

目标部位

◆腹部肌肉、背部肌肉和肩胛部附近的肌肉。

运动益处

◆强化腹部肌肉。

◆改善下背部的柔韧性。

◆锻炼脊柱关节。

如有需要，可以稍微屈膝

肩膀尽量放松，向下运动，逐渐远离耳朵

1 双腿并拢向上伸直，位于髋部上方，背部贴在垫子上，双臂自然平放在身体两侧，掌心向下。吸气，向内收腹，身体做好下一个动作的准备。

整个动作过程中，向内收腹

向后反卷时，颈部保持固定不动

2 呼气，双手向下按压垫子，髋部用力上抬，脊椎慢慢向后反卷，直到双腿越过头部，与地面保持平行。

双腿在运动的时候，向脊柱方向收腹

双腿与地面保持平行

3 吸气，双腿分开，约坐骨间距大小的距离，双脚呈自然背屈状态。

4 呼气，脊柱慢慢向下回落，直到双腿刚好停在髋部上方，吸气，双腿再次并拢，脚尖伸直指向天花板。重复第2步4~6次，在做最后一个重复动作的时候，不必再把双腿并拢，转到第5步继续进行。

5 双腿保持分开，后背贴在垫子上，双腿停在髋部正上方。吸气，脚尖平直伸出，指向天花板，呼气，脊柱向后反卷，直到双腿越过头部，与地面保持水平。吸气，双腿重新并拢，脚趾向小腿方向弯曲，呼气，脊柱慢慢向下回落，双腿最终回到髋部上方。重复上述动作4~6次。

螺旋式卷动

下巴朝向胸部，确保颈部
后方始终呈拉伸状态

肩部尽量放松，向下运动，
慢慢远离耳朵

1 背部着地，上半身平躺在垫子上，双腿并拢，伸直抬高至髋部正上方。双手自然平放在身体两侧，掌心向下。

整个动作过程中，向内上方收腹

向后卷动时，颈部保持不动

2 吸气，双手向下用力按压垫子，髋部用力挺起，脊柱向后反卷，直到双腿越过头部，平行于地面。

坐骨尽量伸展，以保证腰部一侧不会受压

3 呼气，躯干稍微转动，脊柱向身体一侧反卷，带动双腿扭转向身体的那一侧。

运动水平
◆高级水平健身者。

禁忌人群
◆孕妇。

◆颈部、躯干部位或肩部有明显的疼痛感，有损伤或慢性疾病等问题的人群。

目标部位
◆腹部肌肉、背部肌肉和肩部肌肉。

运动益处
◆使背部肌肉和脊柱得到拉伸及按摩。

◆激化腹部肌肉的运动活性，同时强化其运动能力。

◆提高肩部的稳定性。

◆改善核心肌肉群的控制力。

肩部尽量放松，逐渐
远离耳朵

双手向下按压垫子，
分担胸部的重量

4 继续呼气，同时双腿绕着尾骨和骶骨在身体上方
画一个半圆。

双腿始终与地
面平行

向内收腹，从而拉
伸脊柱

5 吸气，脊柱向身体的另一侧侧向卷动，双腿重
新绕回到中间，重复完成第 3 步 3~5 次。

6 在完成最后一组的时候，呼气，脊柱从中间位置
向下回落，回到初始位置。

颈部拉伸

肩部放松，向下用力，慢
慢远离耳朵

向脊柱方向用力收腹

1 双腿笔直平伸，平躺在垫子上，双腿分开，与髋同宽，双脚自然放置，脚尖指向天花板。双臂屈肘向后，扶住后脑勺，用以支撑头部。

脚跟和双腿始终放在
垫子上，保持稳定

2 吸气，抬起头部，脊柱慢慢离开垫子。

肩膀始终向下
用力，慢慢远
离耳朵

双肘贴着耳朵
向外扩展

用力呼出一口气，
借着这股劲身体向
前坐起

3 呼气，继续卷腹，身体向前卷起，上半身直接坐起，身体继续向前卷曲，直到头颈角度与双腿平行。

运动水平
◆高级水平健身者。

禁忌人群
◆颈部或躯干部位有明显的疼痛感，有受伤或是慢性疾病等问题的人群。

目标部位
◆腹部肌肉、背部肌肉和肩胛骨附近的肌肉。

运动益处
◆强化腹部肌肉。
◆改善背部的柔韧性。
◆锻炼脊柱关节。

头顶指向天花板

双肘保持外展

想象着自己的脊柱靠在墙面上

4 吸气，脊柱重新挺直，回到髋部正上方，每次抬起一节脊骨。

胸腔扩展

脚跟用力扣住地面

5 呼气，髋部用力，身体向后方用力拉伸。脚跟用力扣住地面，感受它们逐渐远离躯体，与坐骨保持水平，与此同时，双肘向外扩展，胸腔打开。

双手不要在脖子上施加任何力

向脊柱方向收腹，从而拉伸并支撑后背部

双腿和双脚始终贴在垫子上，以保持下半身的稳定性

6 继续呼气，身体向下回卷，每次只放下一节脊椎骨，直到身体重新躺回到垫子上。重复上述动作 3~5 次。

剪刀腿

脊柱向下平稳深
入地施力

1 双腿并拢，向髋部正上方挺直抬高，身体平躺在垫子上，双手平放在身体两侧，掌心向下。吸气，身体做好准备，在腹部肌肉的支撑下，向后方用力收缩。

向后翻卷的时候，脖子不要卷动

手臂用力支撑身体抬离地面

2 呼气，身体向后翻卷，慢慢离开垫子，双腿向后举起，至髋部上方。吸气，双手放在髋部下方，指尖向外，手腕用力支撑背部和髋部。

双腿剪刀式运动时，髋部和骨盆位置始终保持稳定

3 呼气，双腿呈剪刀状，一条腿举过头顶，另一条则向相反的方向伸出。

运动水平
◆高级水平健身者。

禁忌人群
◆颈部、躯干部位和肩部有明显疼痛感，有损伤或是慢性疾病等问题的人群。

目标部位
◆腹部肌肉、背部肌肉、手臂肌肉和肩部肌肉。

运动益处
◆强化腹部肌肉。
◆改善背部的柔韧性。
◆使腘绳肌和屈髋肌群得到拉伸。

向后上方收腹

4 吸气，双腿慢慢回摆，回到髋部上方位置。

深呼吸，帮助动作
顺利完成

继续运动，躯干
保持稳定

5 呼气，双腿交错运动，一条腿举过头顶，另一条腿
则朝相反方向伸出，重复第3~5步3~7次。

脚踏车

脊柱和手臂向下平稳用力地按压

1 双腿并拢，伸直抬高至髋部上方，平躺在垫子上，双臂停放在身体两侧，掌心向下。吸气，身体做好后续运动准备，腹部肌肉用力支撑，向后收紧。

手臂用力托起整个身体，慢慢脱离垫子

向后翻卷时，颈部不必翻卷

肩部向下用力，逐渐远离耳朵，胸腔打开

2 呼气，身体向后反卷，继续远离垫子，双腿从腰部处向后举起，至髋部上方。吸气，双手扶在髋部下方，指尖向外，同时，腰部支撑着背部和髋部。

越过头顶的那条腿与垫子保持平行，悬放在垫子上方

3 呼气，其中一条腿向后平直拉伸，越过头顶，另一条腿屈膝，向着相反方向，在身体上方交错运动，脚尖指向身体前方。

运动水平

◆ 高级水平健身者。

禁忌人群

◆ 颈部、躯干部位和肩部有明显疼痛感，有损伤或是慢性疾病等问题的人群。

目标部位

◆ 腹部肌肉、背部肌肉、手臂肌肉和肩部肌肉。

运动益处

◆ 强化腹部肌肉。

◆ 改善背部的柔韧性。

◆ 使腘绳肌和屈髋肌群得到拉伸。

腹部肌肉向内收缩，从而对
背部和脊柱起到支撑作用

在双腿移动的过程中，
髋部尽量保持稳定，
不做任何摇摆或位移

进行完全深入的呼吸，
确保胸腔完全打开

双肩向后背方向夹紧，
防止胸部不着力

4 吸气，向后拉动屈膝的那条腿，越过髋部上方，就像骑行的动作一样，与髋部正上方伸直的那条腿呈剪刀状。腿部动作保证在你的灵活性许可范围内，并且动作尽量平缓可控。

5 呼气，屈膝的那条腿伸直，越过头顶上方，同时原本伸直的那条腿向着地面弯曲，在这个方向上重复上述动作 3~7 次。切换方向，双腿沿相反的轨迹绕环，同样重复 3~7 次。

折叠刀式卷腹

颈部始终保持拉伸状态

下巴朝向胸部，双手用力向下按压，从而带动背部肌肉的运动活性

1 平躺在垫子上，双臂平放在身体两侧，掌心向下，双腿并拢，挺直上抬至髋部正上方。吸气，身体做好后续运动的准备，腹部肌肉向内收缩，从而支撑抬起的躯干部位。

双腿保持挺直，脚趾向前伸出

借助手臂向下按压产生的力，向上抬起双腿，举过身体

2 呼气，下半身卷起，脱离垫子，双腿越过髋部和头顶，直到与地面平行。

胸部放低，身体上抬，颈部保持拉伸

双手和双臂用力向下按压，身体借助这股力量上抬伸直，指向天花板

3 吸气，在臂部力量和核心力量的能力范围内，尽可能上抬双腿，指向天花板。

运动水平
◆高级水平健身者。

禁忌人群
◆颈部、躯干部位和肩部有明显疼痛感，有损伤或是慢性疾病等问题的人群。

目标部位
◆腹部肌肉、背部肌肉、手臂肌肉，腿部肌肉和肩部肌肉。

运动益处
◆强化腹部肌肉。
◆使脊柱和背部肌肉得到拉伸。
◆强化手臂肌肉。
◆提高肩部的稳定性。
◆提高核心肌肉群的控制力。
◆锻炼脊柱关节。

胸腔和锁骨部位打开，
帮助呼吸和翻卷

身体向下卷动的时候，
腹部肌肉向内收缩，
从而支撑腰椎

身体慢慢放下时，颈部
尽量拉伸，保持头部始
终在垫子上

4 呼气，平缓小心地放下身体，每次放下一节脊椎骨。

为了更好地完成动作，特别
是上翻、下卷的动作，我们
可以尽量进行深呼吸

做这个动作的时候，
一定要平缓小心，保
持核心肌肉群的稳定
性和可控性

5 吸气，身体回到初始位置，保持最初的动作，双腿向上伸
直，位于髋部正上方，脊柱完全贴在垫子上，双臂自然平放在身体
两侧。吸气，为重复下一组运动做准备，或者直接停止运动。从第
2步开始到最后动作，重复做3次。

第 7 章

垫上坐姿运动

　　垫上坐姿运动的重点是姿势和核心肌群的稳定性。通过这些运动，可以让你拥有修长的身体和颈部，还能对肩部和肩胛骨起到放松的作用。本章从介绍坐姿足部系列动作开始，逐渐提升足部、脚踝以及小腿部位的运动意识，对于站立时保持平衡性和稳定性而言，这些运动意识都是至关重要的。这个系列动作还能改善全身运动的整体意识，帮助机体完成更多全身运动。

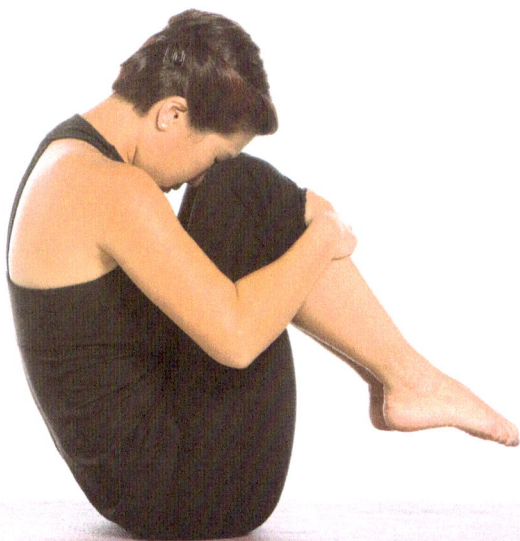

脊柱拉伸：前伸和侧向拉伸

运动水平

◆初级水平健身者。

禁忌人群

◆脊柱或肩部有明显疼痛感，有损伤或是慢性疾病等问题的人群。

目标部位

◆腹部肌肉、背部肌肉。

运动益处

◆使脊柱能够得到拉伸（向前或侧向）。

◆增强肩部关节的灵活性。

◆帮助你找到正确的坐姿。

◆强化核心肌肉和骨盆肌肉，提高其稳定性。

尽可能端正坐直。肩部尽量向下运动，远离耳朵

1 双腿向前伸直坐在垫子上，双腿分开约坐骨间距大小的距离。双臂抬高至肩部高度，向前平伸，掌心向下。如果你的腘绳肌比较紧或腰椎部位不太灵活，那么可以在髋部下方垫一块运动道具。

双臂始终向前平伸，与地面保持平行

坐骨部位向下用力，稳住身体

向内收腹，用以支撑下背部

2 吸气，脊柱向前上方用力拉伸，使脊柱呈 C 字形曲线，双臂也同步向前伸直。

头部始终端正伸直，头顶正对天花板，从而保证躯干部位和颈部的端正与拉伸

肩部沿着背部上下滑动

感受腰椎部位的拉伸，以及肩部和上背部的关联作用

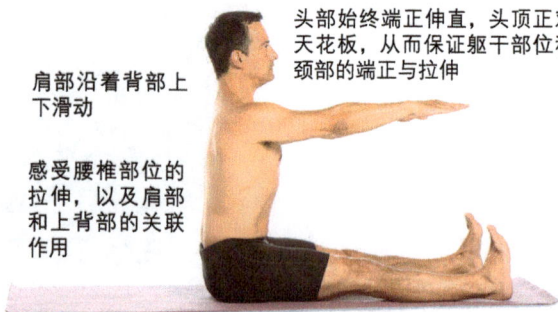

3 呼气，回到动作的起始位置，脊柱保持笔直，从第 2 步开始，重复上述动作 5~8 次。

身体左侧向上伸展，越过坐骨向右侧拉伸

左臂向上高高抬起，越过头顶，对右侧坐骨产生一个向下的压力

感受身体沿着左侧拉伸

4 吸气，右手手臂放在身体右侧的垫子上，向上伸出左手手臂，越过头顶，向身体右侧倾斜，从后面看过去，右侧的身体呈 C 字形曲线。

脊柱保持笔直挺拔

感受身体的重心落到两侧的坐骨上

5 呼气，身体慢慢回到坐姿状态，双臂向两肩前方平直伸出，就像第 1 步那样。

感受身体沿着右侧拉伸。右臂高高抬起，越过头顶，对左侧坐骨产生一个向下的压力

身体右侧向上伸展，越过坐骨向左侧拉伸

6 吸气，左手手臂放在身体左侧的垫子上，向上伸出右手手臂，越过头顶，向身体左侧倾斜，左侧的身体呈 C 字形曲线。回到第 5 步中的坐姿状态，然后从第 4 步开始，身体每侧分别重复上述动作 3~5 次，两侧交替拉伸。

美人鱼式

运动水平

◆初级水平健身者。

禁忌人群

◆背部、肩部、腕部或肘部有明显疼痛感，有损伤或是慢性疾病等问题的人群。

目标部位

◆腹部肌肉、肩部肌肉和躯干肌肉。

运动益处

◆拉伸腰部两侧。

◆拉伸腕部、双手和肩部，改善其稳定性。

坐骨端正，身体重心落坐骨上

双腿摆成风车状

1 双腿屈膝坐在垫子上，一只脚抵在另一条腿的大腿上，同时，另一只脚向身体后方伸出。一只手臂伸直放在同侧的身体旁，手掌或手指轻触在垫子上，另一只手则稍微屈肘，轻轻地放在大腿前侧。

感受沿着身体一侧的舒适的拉伸

感受身体越过髋部，向一侧呈拱形

2 吸气，举起放在垫子上的那只手，高过头顶，上半身朝向双腿屈膝而放的那一侧弯曲做伸展运动。

3 呼气，上举的那只手臂重新放回
到身侧，掌心向下，轻触在垫子上。

伸直的那只
手臂准备撑
起身体

4 吸气，放在垫子上的那只手向下
按压，髋部用力上抬，同时，另一只手
臂向上伸出，高过头顶。向上抬头，眼
睛看向抬起的那只手。呼气，重新坐下，
从第2步开始，重复上述动作4~6次。

双膝轻轻向下用力，
联动髋部向前并向
上拉伸

双膝始终放在垫子上

足部系列动作

运动水平

◆初级水平健身者。

禁忌人群

◆脊柱、双脚或脚踝等部位有明显疼痛感，有损伤或慢性疾病的人群。

目标部位

◆腹部肌肉、腿部肌肉、脚部肌肉和背部肌肉。

运动益处

◆使脚部得到拉伸，同时改善其灵活性。

◆激发踝关节的运动活性。

◆学会正确的坐姿。

◆强化核心肌肉，增加其稳定性。

平缓放松地进行呼吸

脊柱始终保持笔直挺拔

腹部肌肉向内收缩，从而更好地保护背部，支撑脊柱

想象着自己正背靠着墙壁坐在垫子上

1 这一系列动作主要是脚部、脚踝以及小腿的热身运动。在做这组动作的时候，脊柱始终保持固定不动，呼吸平缓放松，且注意力要非常集中。它的起始动作是：双腿向髋部前方伸直，如有必要，也可以采用稍微调整后的动作；双脚呈自然背屈状态，脚趾指向天花板。

动作的细微调整

如果你的腘绳肌或下背部比较紧，可以在臀部下面垫一个折叠的垫子或是一个小垫块，用以缓冲。如果这样你的腘绳肌和下背部还是很紧，可以轻轻地屈膝，直到紧绷感完全消失。如有必要，整个运动过程中，始终屈膝。

双臂自然地放在身体两侧，放松

脊柱部位保持挺拔拉伸

双膝和小腿始终保持固定不动

想象一下你的脚向汽车的雨刷一样，左右摆动

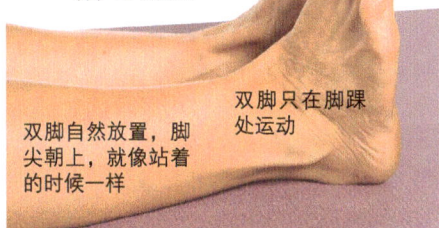

双脚自然放置，脚尖朝上，就像站着的时候一样

双脚只在脚踝处运动

动作轻缓，借助呼吸来调整动作

此时你会感到自己的小腿也参与了热身，因为小腿肌肉也在运动

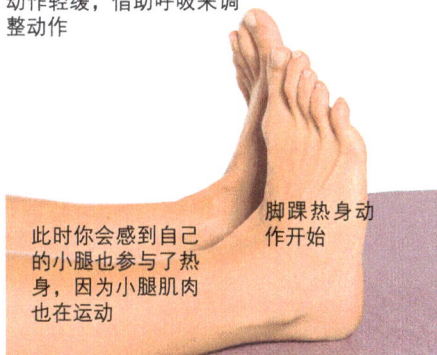

脚踝热身动作开始

2 吸气，双脚向右侧扭动，只有脚在运动。

3 呼气，双脚向左侧扭动，重复做第 2 步和第 3 步动作，共做 10 次。

脚趾尽可能远地向前伸直，从而使前脚面得到拉伸

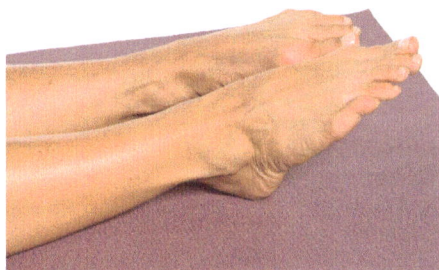

尽量画个大一点的圈圈，运动到整个脚

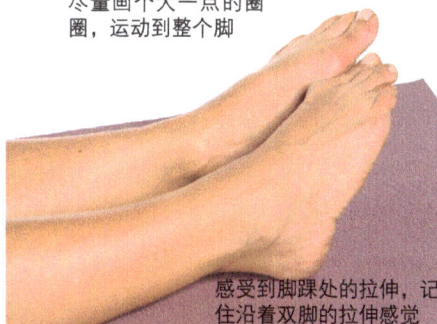

感受到脚踝处的拉伸，记住沿着双脚的拉伸感觉

4 吸气，双脚从弯曲状态开始向右做绕圈运动，当你的脚在做绕圈运动的时候，脚趾尽量向前拉伸，从而带动脚面的拉伸。

5 呼气，完成剩下的足部绕圈运动后，双脚再向左侧做绕环运动。

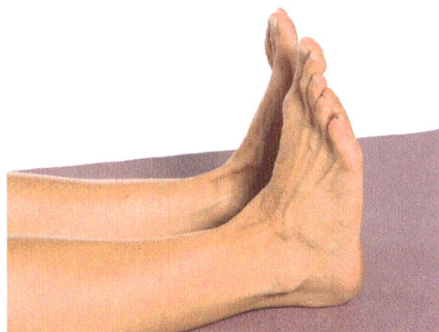

6 完成全部动作之后，脚趾向上指向天花板，回到初始位置。每完成一个足部绕圈的动作之后，足部都尽可能地向小腿前部弯曲，从而使足底、跟腱和小腿后方都能够得到最大限度的拉伸。重复第 4 步和第 5 步 5 ~ 10 次，然后向左侧绕圈，重复运动 10 次。

感受脚面的拉伸，尽可能
地拉伸到小腿

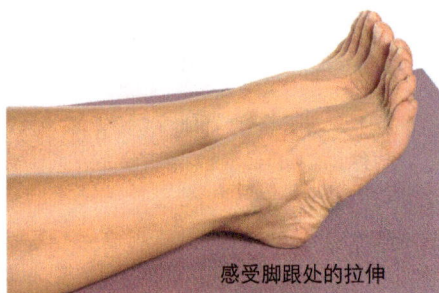

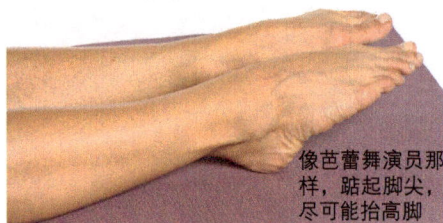

感受脚跟处的拉伸

7 吸气，脚掌用力向前蹬出，想象自己穿着一双高跟鞋或是正在做提踵练习，脚掌向前蹬出，脚尖始终指向天花板方向。最开始，运动范围可能会很小，但一定要有耐心，时间长了，运动范围就会慢慢增加了。

像芭蕾舞演员那样，踮起脚尖，尽可能抬高脚

8 呼气，脚趾向前伸直，尽可能地离身体越来越远。

头顶尽可能向上，从而保证整个姿势都是笔直端正的

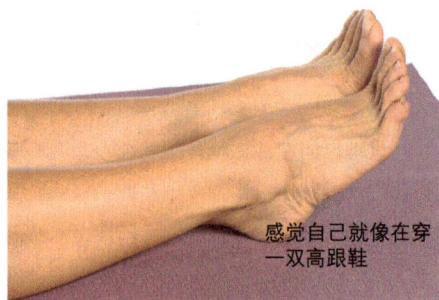

感觉自己就像在穿一双高跟鞋

9 吸气，脚趾向上弯曲，指向天花板，同时脚掌向外推出。

整个躯体保持挺拔笔直，腹部肌肉向内收缩，从而支撑脊柱部位

肩膀向后下方用力滑动

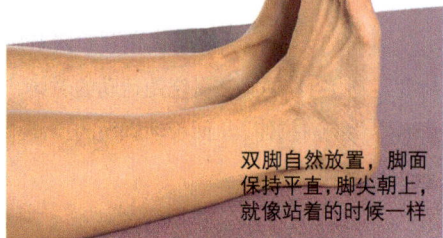

双脚自然放置，脚面保持平直，脚尖朝上，就像站着的时候一样

10 呼气，脚趾尽量向前伸直，远离身体。动作结束后，回到双脚自然放置、脚尖朝上的初始状态，重复第6~10步的动作5~10次。

滚球式

1 坐姿，双腿屈膝，且慢慢抬起，双手环抱小腿。双肘稍微弯曲，向身体外侧扩展。

目光向下，看向双膝之间

向后上方收腹，从而很好地支撑腰椎

保持坐骨和尾骨之间的平衡

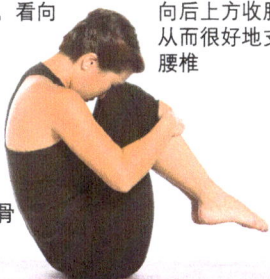

肩膀向后下方用力。略低头，下巴朝向喉咙

动作的细微调整
双手放在大腿后方。

双臂屈肘，向外扩展

2 吸气，身体向后翻滚，上背部着地。

向后翻滚时，两脚跟与臀部保持相同的距离

膝盖始终与身体紧贴在一起

下巴内收，头部始终不与垫子接触

3 呼气，身体向前翻，回到初始位置，在重复以上动作之前，先找到坐骨和尾骨之间的瞬时平衡，重复8~10次。

肩部向下拉伸，慢慢远离耳朵

腹部肌肉向内回收，拉伸下背部

运动水平
◆ 初级向中级水平过渡的健身者。

禁忌人群
◆ 颈部、肩部或是下背部有明显的疼痛感，有损伤或是慢性疾病的人群。

目标部位
◆ 腹部肌肉和肩胛骨附近的肌肉。

运动益处
◆ 强化腹部肌肉。
◆ 改善下背部的柔韧性。
◆ 提高肩部的稳定性。
◆ 激发核心肌肉群的运动意识，以及提高骨盆的稳定性。

侧向屈体

运动水平

◆中级水平健身者。

禁忌人群

◆背部、肩部、腕部或肘部有明显疼痛感，有损伤或是慢性疾病的人群。

目标部位

◆手臂肌肉、肩部肌肉、腕部肌肉和躯干部位的肌肉。

运动益处

◆锻炼单手的平衡性和协调性。

◆使腰部两侧得到拉伸和运动。

◆强化腹部肌肉。

◆强化腕部、手部和肩部的肌肉，并提高其稳定性。

即使是一只手和髋部支撑平衡，身体也要端正坐直。锁骨尽量打开，就像一个笑脸

肩部向下用力，慢慢远离耳朵

1 左边的髋部着地，坐在垫子上，左腿屈膝放在身旁，右腿屈膝，右脚放在左脚的前方，脚部平放，膝盖向上，把右臂放在右腿的上方，掌心向上，朝向天花板。

想象一下自己下面那只手和手腕撑地，虾式躬身

向内收腹，从而帮助抬起髋部

以按在垫子上的那只手为支点

借助呼吸来促进自己做出完美的动作

2 吸气，右臂、髋部抬起，双腿伸直，从而抬起髋部指向天花板，头部和右臂向下方垂放。左手、右脚和左脚脚趾保持平衡，髋部悬空，身体会形成一个向上的倒 V 字。

轻轻地坐下来，就好像根本没费劲一样

整个动作中，脊柱始终保持拉伸

3 呼气，髋部慢慢向下放到垫子上，双腿屈膝坐下，回到初始位置。重复该动作 3~5 次，换边进行，再重复 3~5 次。

分腿滚动

肩部向下用力

脊柱始终保持笔直

感受腿部从坐骨到脚趾头伸直的拉伸感觉

1 保持坐骨和尾骨之间的平衡，坐在垫子上，双腿脱离地面，在身体前方伸直，双手分别抓住两侧的脚踝。你的坐姿，看上去更像是一个 V 字，上半身保持平直，向内上方收腹，吸气，从而帮助你挺拔端坐。如有必要，稍稍屈膝，放开脚踝，抓住大腿的后侧。

向后翻滚的时候，头部和颈部保持不动

脊柱尽量拉长，肩部向下用力

2 呼气，向后翻转时，下巴内收，朝向胸部，腰椎向内变圆，翻转到底部时，深吸一口气。

专注自己的呼吸，从而找到身体的平衡和稳定

向内收腹，以支撑腰椎

翻转的时候，继续保持身体平衡

3 呼气，向上翻转，回到坐姿，坐骨上部着地，或者坐骨后方、尾骨前部着地，重复动作 5~10 次。

运动水平

◆ 中级水平健身者。

禁忌人群

◆ 脊柱、肩部或背部有明显疼痛感，有损伤或是慢性疾病的人群。

目标部位

◆ 腹部肌肉、背部肌肉和肩胛骨附近肌肉。

运动益处

◆ 改善肩部的稳定性和肌肉力量。

◆ 改善背部的柔韧性。

◆ 提高躯干部位的协调性和平衡性。

◆ 增强腹部肌肉力量。

脊柱扭转

运动水平

◆中级水平健身者。

禁忌人群

◆脊柱、手臂或肩部有明显疼痛感，有损伤或慢性疾病的人群。

目标部位

◆腹部肌肉和背部肌肉。

运动益处

◆增强脊柱部位的灵活性和扭转性。

◆增强肩关节的灵活性。

◆学会正确的坐姿。

◆强化核心区域和骨盆部位，并提高其稳定性。

保持笔直挺拔的坐姿

肩部向下，逐渐远离耳朵

上臂部用力收缩，从而保证手臂伸直上抬

1 双腿并拢，平直地伸在髋部前方，坐在垫子上。手臂向两侧抬高，至肩膀位置，掌心向下。如有需要，也可以采取细微调整后的动作（足部系列动作，见第94页），这取决于你的脊柱和腘绳肌的灵活性。

手臂伸直上抬，与肩同高

感受胸骨上抬，像开瓶器一样，扭转，上升。想象自己像拧海绵似的，扭转自己的胸腔

从腰部位置开始扭动。在做扭转运动的时候，感受自己的腰部被紧身衣包裹着

2 用鼻子吸气两次，向右侧扭转身体，同时再节律性地转动两次。

扭转运动过程中，
双腿和髋部保持固定
不动

扭转身体的时候，想
象着你的腿粘在地上
了，不能动

3 呼气，躯干部位笔直挺拔，髋部端正坐在垫子上，回到起始位置，双臂向身体两侧打开，抬臂与肩同高。

向下压肩，肩膀渐
渐远离耳朵

运动过程中，头部先
不要动

呼吸换气，身体螺
旋式上抬，把自己
的身体想象成一个
开瓶器

脊柱引导整个运动，手
臂跟随脊柱运动

扭转身体的时候，重心
均匀分布在坐骨上

4 吸气，用鼻子吸气两次，同时身体向左侧转动，有节律地转动两次。回到初始位置，然后再向右侧扭转运动，重复 4~6 次，两侧交替运动。

锯式

运动水平

◆初级水平健身者。

禁忌人群

◆脊柱、手臂和肩部有明显疼痛感，有损伤或是慢性疾病的人群。

目标部位

◆腹部肌肉和背部肌肉。

运动益处

◆增强脊柱部位的灵活性和扭转性。

◆增强上背部和中背部的灵活性。

◆引导你学会正确的坐姿。

◆强化核心区域和骨盆部位，并提高其稳定性。

头部向天花板上顶，目光看向前方

笔直挺拔地坐在垫子上

重心均匀地分布在两边的坐骨上

1 双腿打开，略大于肩宽的距离，坐在垫子上，双脚自然放置，脚尖指向天花板，双臂向身体两侧伸展，平直抬高，与肩部保持齐平，掌心向下。

向下压肩，肩头逐渐远离耳朵

全身的重心均匀地分布在两边的坐骨上

躯干部位保持挺拔笔直

2 吸气，上半身向左侧扭转，手臂始终抬高至肩部位置。

躯干从髋部位置用力，慢慢向上抬

向下压肩，肩头逐渐远离耳朵

向内收腹，脊柱形成一个C字形曲线

身体重心不要脱离右侧坐骨

3 呼气，右手伸向左脚方向，而左臂则向身后伸出，躯干向左侧扭转。

每次抬高一节脊柱

4 吸气，身体向上方扭转伸展，但上半身始终转向左侧。

肩胛骨始终向两侧
扩展

身体在转动的同
时，肩胛骨向肋骨
上方滑动

5 呼气，回到动作的起始位置，双臂向身体两侧平
直伸出，与肩同高，后背挺拔，笔直地坐在垫子上。从
第 2 步开始，重复该动作 4~6 次，两侧交替运动。

海豹式

运动水平

◆ 中级水平健身者。

禁忌人群

◆ 脊柱、臂部或肩部有明显的疼痛感，有损伤或慢性疾病的人群。

目标部位

◆ 脊柱附近的肌肉、背部肌肉、肩部肌肉和腿部肌肉。

运动益处

◆ 强化脊柱肌肉和背部肌肉。

◆ 提高肩关节的稳定性。

◆ 提高机体的协调性和平衡性。

1 保持坐骨和尾骨之间的平衡，坐在垫子上。屈膝，双手从大腿内侧伸到腿部下方，抓住脚踝。两膝分开，双脚的脚尖彼此相对，身体前倾，脊柱略向后拱起，从而更好地支撑腰椎和背部。

双肩用力下滑，慢慢远离耳朵

感受背部和脊柱美妙的拉伸

2 吸气，身体向后翻滚，头部不要碰到垫子。

3 呼气，继续保持后翻动作，双脚向一起靠近，尝试并拢3次。

身体前方继续保持"中空"

利用腹部内收的力量，支撑后背部

4 吸气，身体再次回翻，坐骨后方保持平衡，呼气，双脚再次向一起靠近，并合拢3次，身体前方继续保持"中空"。重复第2步5~10次。

脊柱继续保持C字形曲线

回力式

坐骨保持放松,
脊柱拉伸

想象自己后背靠
在墙面上

向下压肩,肩头逐渐
远离耳朵

1 双腿平直,向身体正前方伸展,坐在垫子上,一条腿交叉放在另一条腿上,脚趾向前平伸,双手放在身体两侧。上半身保持笔直挺拔,吸气以做准备。

双腿的大腿内侧紧
贴在一起

双手向下按压垫
子,借由此力胸部
扩展

2 呼气,身体向后翻转(也就是第78页的卷腹),直到双腿与躯干后方的地面保持平行,双臂向下按向地板,翻滚的过程中,手臂始终打开。

双手继续向下用
力,双腿越过脊柱,
与地面保持平行

注意腹部内收,
腹肌用力收紧,
帮助身体更好
地保持平衡

3 吸气,先分开交叉的两腿,然后上下两腿进行交换,重新恢复交叉状态。

运动水平

◆ 高级水平健身者。

禁忌人群

◆ 脊柱、背部、肩部或腿部有疼痛感,有损伤或是慢性疾病等人群。

目标部位

◆ 腹部肌肉、背部肌肉、腿部肌肉和手臂肌肉。

运动益处

◆ 强化腹部肌肉和背部肌肉。

◆ 建立呼吸和运动之间的协调性。

◆ 在运动中,引导身体找到整体的平衡性。

◆ 强化腿部和手臂部位的肌肉并使其得到拉伸。

4 呼气，回到坐姿状态，双腿交叉伸直，与地面呈45度角。双臂向肩膀前方平直伸出，保持 V 字形体（第74页）姿势。吸气，肩部在头部上方画圈，直到双手回到身体前方。

向脊柱方向收腹，加强核心肌肉群的力量

双腿悬放到垫子上，尽量放松腿部肌肉

5 呼气，双腿慢慢放到垫子上，脊柱向前伸展，双臂也向前平直伸展。

最终动作，身体保证直立挺拔

头部向天花板上顶，感受落在垫子上的坐骨所承受的重量

6 吸气，脊柱重新挺直，回到挺拔坐姿，继续吸气，交叉双腿不变，从第 2 步开始重复该动作 4~6 次。

第 8 章

健身球辅助运动

　　本章介绍的所有练习动作都需要借助健身球。健身球是一种非常有趣的运动道具，能够配合进行弹跳和拉伸，也是强化巩固进行普拉提运动的最基本要素——核心部位稳定性、核心部位和全身的运动能力、柔韧性及平衡性等因素的一个非常好的方法。这部分练习分为4类：坐姿、仰卧位、俯卧位和侧卧位。

前 4 项健身球辅助运动，主要演示的是坐姿健身球辅助运动——双脚平放在地面上，臀部全部没入健身球上方（如图 8.1 所示）。在做这个系列运动的时候，脊柱始终保持笔直，上下运动，就像背靠着一面墙。双肩尽量放松，向下压肩，肩头逐渐远离耳朵位置，眼睛直视前方。双脚和膝盖微微分开，与髋同宽，膝盖弯曲呈 90 度角。手臂放松，自然垂放在肩部下方。身体的整个重心都应该被支撑在球的前部，而不是球的后侧或中部。

仰卧位健身球辅助运动，主要是躺在健身球上，球体应该在双手或双脚之间。脊柱的正确体位我们在第 6 章（见第 58~59 页）里也详细讨论过了（骨盆中立位、脊柱仰卧全贴位、有支撑的脊柱中立位）。在进行仰卧健身球辅助系列运动之前，请先回顾那部分内容。

双眼直视前方，肩部尽量放松

脊柱保持笔直

手臂自然垂放在身体两侧

双腿屈膝坐在球上，髋部与大腿呈 90 度角，大腿与小腿在膝盖处呈 90 度角

图 8.1　在健身球上保持坐姿

所有的俯卧位健身球辅助运动，都是面朝下方，趴在健身球上进行的。球体垫在身体下方（如图 8.2 所示），可能垫在髋部，也可能是腿上的某个部位。脊柱和后背应尽量保持自然中立位，面朝下趴在健身球上方，向前滚动球体，直到双手按在球前方的垫子上，髋部放在球体的中部位置，双腿尽量向后伸直，从髋部到脚趾向着远离身体的方向拉伸。

想象你的身体就像一块平直的板。臀部和腘绳肌向内挤压收缩，以做支撑，保持身体的稳定性

身体平直拉伸，像飞镖一样，悬在空中

肩部向下运动，逐渐远离耳朵

图 8.2　在健身球上保持俯卧位

　　侧卧位健身球辅助系列运动，你需要侧卧在健身球上，侧卧位系列运动有两种基本姿势——简单的调整侧卧位和稍微难一些的平衡侧卧位。

　　简单的调整侧卧位（如图 8.3 所示），身体右侧接触球体，右侧肋骨靠在健身球上，右腿弯曲，腿向跪在垫子上，身体右侧与垫子呈 45 度角。上半身倚在健身球上，右手放在球另一边的垫子上，左腿从髋部向前伸直或稍微低于髋部高度，悬放在垫子上，为接下来的运动做准备。左手放在头部后面，手肘屈曲，肘部指向天花板。

目光直视前方

头部上抬，脖子挺直拉长，不要垂下来

向脊柱方向收腹

想象你的身体是被夹在两片玻璃之间

图 8.3　侧卧位健身球辅助运动：简单的调整侧卧位

　　稍难的平衡侧卧位（如图 8.4 所示），身体右侧倚在健身球上，右边髋部抵在球的下方，两条腿从大腿根部倾斜伸出。两条腿相互叠放，腰部以上的上半身悬垂在球体上方，右手放在球体另一侧的垫子上，两腿伸直，准备下面的动作。上面的那只手举过头顶，放在头部后方，屈肘，肘部指向天花板。

　　对于侧卧位练习动作，你可以将所有的练习动作作为一个系列，也可以单独进行其中一项动作。不管是单独做某一项动作，还是完成整个侧卧系列运动，都需要交替完成身体两侧所有的动作，从而构建身体的平衡性和对称性。可以选择身体两侧交替运动，完成一项动作之后进行下一项，也可以先完成身体一侧的所有动作，然后再切换到另一侧重复每一项动作。

　　做健身球辅助运动的时候，球体在大小和触感等方面的区别，取决于健身球里充了多少气。选择健身球正确尺寸的一个基本的原则就是，端正地坐在球上，双脚着地，当大腿从髋部挺直伸出时，双腿可以平行于地面，如果膝盖弯曲，双脚平放在地板上，那么身体和下肢会在髋部呈 90 度角，大腿和小腿会在膝盖处呈 90 度角（图 8.1 所示）。如果球里的气体充得过满，那么不管是坐在球上，还是趴在球上，它都不能提供运动所需的反弹量，并且球体的稳定性可能也不太好，使自己不能有效地进行运动。

躯干部位始终保持挺直伸长，
腹部向脊柱方向收缩

双脚堆叠，放在身体下
侧，身体下侧那只脚的
外侧边缘着地

图 8.4 侧卧位健身球辅助运动：稍难的平衡侧卧位

而如果球体充气量不够，球径太小，当坐在上面的时候会感觉不稳定，而且核心肌肉可能也不会被激活。以下是根据健身者的身高选出对应的合适尺寸健身球的一般标准。

1. 身高不足 153 厘米：45 厘米

2. 身高 153~170 厘米：55 厘米

3. 身高 170~188 厘米：65 厘米

4. 身高 188 厘米：75 厘米

请记住，这只是一个普遍适用的选择标准，而且球径的选择更多还是取决于你双腿的长度，而不是身高。最主要的还是需要参考这个标准：双腿需要在膝盖处弯曲呈 90 度角，大腿平行于地面，髋部和膝盖保持同高。

从健身球辅助运动的另一个层面而言，它确实会有"漂移"的倾向，当借助健身球运动的时候，需要时刻注意球体的位置；当坐在球上或是站在球上时，要时刻保持一只手或两只手，或者至少一个指头按在球体上，从而能够时刻了解球体当前的位置，以及它会滚向哪里。此外，还需要一个没有任何家具阻碍运动的空间，球体和墙壁要有足够的运动空间，避免运动中发生意外损伤。

前面几项运动对于有氧运动是非常有益的，因为随着运动的进行，心率也会逐渐加快，然后我们进行一些伸展，就可以开始进行核心训练了。

坐姿定点弹跳

端坐在球上，感受核心部位的运动活性

双臂自然放松，垂放在身体两侧

脊柱始终保持挺拔直立，就像正背靠着一面墙

1 双脚着地，坐在健身球上，脚直接放在髋部前方，脚踝位于膝盖的正下方。

头部始终顶向天花板，坐骨慢慢接触坐上球体

心率会不断上升

尽量坐在球体的中心位置

臀部始终正坐在健身球上，坐在球部上端时，保持身体的平衡性

感受双腿慢慢变热，唤醒运动活力

2 脚后跟向下用力，慢慢起身，臀部逐渐上抬，开始在球面上弹跳。借助脚后跟向下按压的弹跳力，激活腘绳肌和身体核心部分的运动活性，让你的身体变得更轻巧，更灵活，这样你就能轻松、不费劲地弹跳起来了。通过鼻孔吸气，然后再从嘴巴轻轻呼出，做几次彻底的深呼吸。重复以上运动 30~50 次，时长大约 2 分钟。

运动水平
◆初级水平健身者。

禁忌人群
◆下背部、膝盖或脚踝有明显痛感，有损伤或慢性疾病的人群。

目标部位
◆腹部肌肉。
◆全身的运动能力。

运动益处
◆锻炼核心部位和脊柱部位的平衡性和协调性。
◆加强腿部运动能力，提高运动意识。
◆提高全身的平衡性和协调性。
◆改善身体的有氧运动能力。

坐姿弹跳踢腿

运动水平
◆初级水平健身者。

禁忌人群
◆下背部、膝盖或脚踝部位有明显的疼痛感，有损伤或是慢性疾病的人群。

目标部位
◆腹部肌肉和腿部肌肉。
◆全身的运动能力。

运动益处
◆改善核心部位和脊柱部位的平衡性和协调性。
◆加强腿部活性，唤醒运动意识。
◆提高全身的平衡性和协调性。
◆改善身体的有氧运动能力。

端坐在球上，感受核心部位的运动活性

脊柱始终保持挺拔直立，就像正背靠着一面墙

双臂自然放松，垂放在身体两侧

1 双脚着地，坐在健身球上，脚直接放在髋部前方，脚踝直接位于膝盖的正下方。双臂自然垂放在身体两侧，双手轻触球面，以做支撑。

头部始终顶向天花板，坐骨慢慢接触坐上球体

心率会逐渐上升

屁股始终正坐在健身球上，坐在球部上端时，保持身体的平衡性

感受双腿慢慢变热，唤醒运动活力

尽量坐在球体的中心位置

试着抬腿上踢，到膝盖的高度

2 脚后跟向下用力，从球上弹起来的时候，抬起一只脚，向身体前方踢腿，同时，臀部向内挤压，两臀尽量靠拢。两腿交换弹跳，重复以上动作 30~50 次，运动时长 1~2 分钟。

难度挑战
核心力量和自信建立起来之后，试着双臂交叉在身体前方，弹跳。如果这么做会让你的身体失去平衡，那就把手放回到球体上，轻触球面，以做支撑。

坐姿弹跳抬手

脊柱始终保持挺拔直立，就像正背靠着一面墙

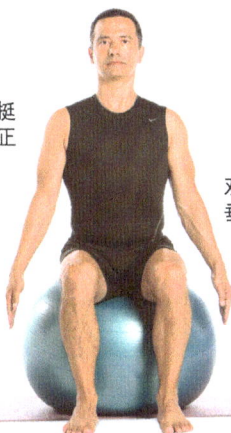

双臂自然放松，垂放在身体两侧

端坐在球上，感受核心部位的运动活性

1 双脚着地，坐在健身球上，脚直接放在髋部前方，脚踝位于膝盖的正下方。双臂自然垂放在身体两侧，双手轻触球面，以做支撑。

头部始终顶向天花板，坐骨慢慢接触坐上球体

向下压肩，同时举起一只手臂

感受双腿慢慢变热，唤醒运动活力

心率会逐渐上升

屁股始终正坐在健身球上，坐在球部上端时，保持身体的平衡性

尽量坐在球体的中心位置

2 脚后跟向下用力，一只手臂举起，高过头顶，从球上跳起来，感受髋部和臀部向内收紧。两臂交替上举，重复以上动作30~50次，运动时长1~2分钟。

难度挑战

试着保持一只手臂上举完成两次弹跳，然后再交换手臂。

运动水平
◆初级水平健身者。

禁忌人群
◆下背部、膝盖部位、脚踝部位或手臂部位有明显疼痛感，有损伤或是慢性疾病的人群。

目标部位
◆腹部肌肉、腿部肌肉和手手臂肌肉。
◆全身的运动能力。

运动益处
◆改善核心部位和脊柱部位的平衡性和协调性。
◆加强腿部活性，唤醒运动意识。
◆提高全身的平衡性和协调性。
◆改善身体的有氧运动能力。
◆构建手臂和腿部一起运动时的协调性。

坐姿骨盆时钟加伸展

运动水平

◆初级水平健身者。

禁忌人群

◆下背部、膝盖部位、脚踝部位或手臂部位有明显的疼痛感，有损伤或是慢性疾病的人群。

目标部位

◆腹部肌肉、脊柱、手臂肌肉和躯干肌肉。

运动益处

◆促进核心部位和脊柱部位的平衡性和协调性。

◆提高全身的平衡性和协调性。

◆改善脊柱关节灵活性，对脊柱进行热身。

◆使双臂得到拉伸和舒展。

端坐在球上，感受核心部位的运动活性

脊柱始终保持挺拔直立，就像背靠着一面墙

双臂自然放松，垂放在身体两侧

1 双脚着地，坐在健身球上，脚直接放在髋部前方，脚踝位于膝盖的正下方。双臂自然垂放在身体两侧，双手轻触在球体表面，以做支撑。

感受肩部向后下方拉伸，双臂背向身体后方

感受身体前方的舒展和拉伸

球体会轻轻向后移动

2 吸气，胸腔和胸骨上抬，眼睛看向屋顶上方的墙角，双臂向身后伸直，双手轻触在身后的球体上，向后滚动健身球，尾骨指向身体后方。

感受肩胛骨逐渐
舒展，肩部变宽

感受沿着背部和身体
的拉伸

球体会向前轻
轻地移动

3 呼气，双腿向身体后方用力，尾骨固定不动，脊柱向前方卷动，同时，双臂向身体前方平直抬起，双手尽量向前拉伸。

肩部始终向下，
逐渐远离耳朵

感受沿着身体右
侧的拉伸

动作尽量保持轻
缓可控

感受沿着
身体左侧
的拉伸

球体会轻轻向
左侧移动

球体会轻轻地
向右侧移动

4 吸气，右臂上抬，举过头顶，左侧身体收紧，从而拉伸右侧身体，呼气，回到初始位置。

5 吸气，左臂上抬，举过头顶，收紧右侧身体，从而拉伸左侧身体，呼气，回到初始位置。重复进行第 2~5 步 4~6 次。

仰卧位卷起

运动水平

◆初级水平向中级水平过渡的健身者。

禁忌人群

◆脊柱、颈部、背部或肩部有明显的疼痛感，有损伤或慢性疾病的人群。

目标部位

◆腹部肌肉、背部肌肉、肩部肌肉和手臂肌肉。

运动益处

◆强化腹部肌肉。

◆改善下背部的柔韧性。

◆改善脊柱关节的运动活性。

◆提高上半身的协调性和肌肉力量。

肩部向垫子方向用力按压

腰部向内收紧，用以支撑脊柱。大腿内侧紧贴在一起

1 后背着地，平躺在垫子上，双手抱住健身球，双臂向肩部正上方伸直。双腿平直伸展放在垫子上，大腿内侧紧贴在一起，双脚自然放置，脚趾指向天花板。

感受肋骨向髋部拉伸，手臂上抬越过头顶时，保持背部平直不要拱起

2 吸气，向上举起健身球，越过头顶，始终保持手臂伸直。

下巴和胸部之间保持一小段距离（苹果大小）

双手向内按压球体，从而带动上半身的运动

感受肩胛骨的舒展，肩部慢慢变宽

臀部稍稍向内挤压，从而带动上半身向上抬起

3 呼气，上半身慢慢卷起，向前方举起健身球，起身时，头部首先抬起，然后上半身再继续慢慢卷起。

向下压肩，肩头逐渐远离耳朵

脊柱呈C字形曲线

向内收腹

上半身保持拉伸，逐渐远离下半身

完成翻卷动作的时候，后脚跟始终按压在地板上，以支撑身体平衡

大腿内侧收紧，双腿尽量贴在一起

4 呼气，向前倾身，上半身卷起，双手抱住球体向前方伸直，悬于双腿上方，平行于地面。

5 吸气，开始身体向后回卷，将球体慢慢带向耳朵方向，继续吸气，慢慢向后放下脊柱，每次放下一节脊骨，直到头部着地，健身球举放在头顶上方。

动作尽量轻缓流畅，千万不要借助惯性

整个运动过程中，身体尽量保持舒展

难度挑战

第2~6步基本不变，除了向后回落（第5步）略有改动，身体的一侧轻轻地向下回落，然后切换到另一侧，再向下回落一次。

6 呼气，向上举起健身球，手臂伸直位于肩部上方，身体的其他部位保持固定不动，重复第2~6步4~6次。

向身体一侧回落时，确保肩部的稳定性

向身体一侧运动时，动作幅度尽量小且可控

仰卧位传球

运动水平
◆中级向高级水平过渡的健身者。

禁忌人群
◆脊柱、颈部、背部或肩部有明显痛感，有损伤或是慢性疾病的人群。

目标部位
◆腹部肌肉、背部肌肉、手臂肌肉和肩部肌肉。

运动益处
◆强化腹部肌肉。

◆提高下背部和上背部的柔韧性。

◆改善脊柱关节的运动活性。

◆提高上半身的协调性和肌肉力量。

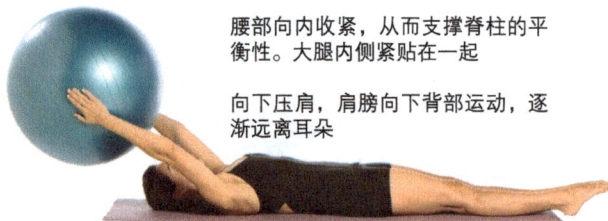

腰部向内收紧，从而支撑脊柱的平衡性。大腿内侧紧贴在一起

向下压肩，肩膀向下背部运动，逐渐远离耳朵

1 后背着地，躺在垫子上，双手抱住健身球，手臂挺直伸展，越过头顶上方。双腿平直伸展，自然放在垫子上，大腿内侧紧贴在一起，双脚向着躯体前方伸直，深吸一口气，准备下面的动作。

双臂和双腿保持伸直

腰部向内收紧，以支撑背部平衡

大腿内侧紧贴在一起

肩部向下背部运动，肩膀逐渐远离耳朵

2 呼气，向上举起健身球，高过头顶，肩膀和双脚脱离垫子，朝向天花板。

将球体从双手传递到双脚时，保持中立位，支撑身体平衡

动作保持轻缓稳定

3 吸气，将球体从双手传递到双脚，用双脚的脚踝按压支撑住健身球。

保持中立位

躯干始终保持强有力
地伸直舒展

慢慢放下双腿和双臂，核心肌肉收紧

4 呼气，双腿慢慢放向垫子，上半身也向垫子回落，同时双臂尽可能地向后靠近双耳。继续呼气，双脚、头部和手臂同时放到垫子上，从第1步开始，重复以上动作5~10次。

动作的细微调整
　　慢慢放下上半身时，手臂始终保持在胸部前方，膝盖稍微弯曲。

双腿和双臂动作始终
保持轻缓平稳

仰卧位肩桥

运动水平

◆初级向中级水平过渡的健身者。

禁忌人群

◆脊柱、颈部、背部或肩部有明显疼痛感，有损伤或慢性疾病的人群。

目标部位

◆腹部肌肉、背部肌肉、臀部肌肉、手臂肌肉和肩部肌肉。

运动益处

◆强化腘绳肌、臀大肌、腹肌和背部肌肉。

◆提高脊柱关节的运动活性。

◆提高上半身和下半身的协调性及肌肉力量。

膝盖和髋部呈 90 度角。双臂用力向垫子方向按压，胸腔舒展打开，为上抬身体做支撑

1 背部着地，平躺在垫子上，双腿屈膝 90 度，膝盖位于髋部正上方，双脚直伸向前，平放在健身球上。吸气，以做准备。

双脚向下用力压住球体，避免健身球过度移动

锁骨部位始终打开，向肩部两侧舒展

感受脊柱慢慢上抬，慢慢脱离垫子，一次上抬一节脊骨

2 呼气，开始卷动尾骨，臀部慢慢上抬，形成桥式姿势。

仔细冥想

双手向下用力按压垫子，胸腔向身体两侧舒展，肩部放宽

3 吸气，身体慢慢上抬架桥，双腿抬到最高位时，呼气，感受每一个动作的力量和舒展。

胸部放松，脊柱轻缓
小心地向下回落，慢
慢躺回到垫子上

膝盖用力，双腿的大　　　脚下的球保持稳定
腿内侧也用力

4 呼气，脊柱慢慢地向下放回到垫子上，重复该动作 5~10 次。

难度挑战 1

　　从屈膝架桥变换到直腿架桥，双腿伸直躺在垫子上，小腿放在球面
上，双腿并拢向下用力，以做支撑。直腿架桥，重复上述第 1~4 步的动
作 5~10 次。在架桥的时候，保持两腿伸直还是非常有难度的，较之屈
膝架桥更具挑战性。身体上抬，继而慢慢放下身体，将架桥动作还原至
初始姿势，整个过程中，感受核心部位的牵扯与拉动。

感受身体挺直拉伸

难度挑战 2

　　从屈膝架桥向单腿伸直架桥变换，第 1 步和第 2 步参照直腿架桥，
架桥至最高位时，吸气，向上抬起一条腿，至髋部的正上方。然后呼
气，再慢慢放下这条腿，把脚放回到健身球上，保持直腿架桥的姿势，
重复该动作，两腿交替重复运动 4~6 次。完成最后一组动作时，身体举
到最高处，吸气，然后慢慢放下脊柱，回躺在垫子上，呼气。

动作尽量轻缓，确保
身体平稳支撑在球面
上方，不会滑下来

脚后跟向下压住球
体，以维持身体的平
衡和稳定

仰卧位"一百次"

运动水平

◆初级向中级水平过渡的健身者。

禁忌人群

◆躯干部位、颈部或肩部有明显疼痛感，有损伤或是慢性疾病的人群。

目标部位

◆腹部肌肉、背部肌肉、手臂肌肉、腿部肌肉和肩部肌肉。

运动益处

◆强化腹部肌肉。

◆结合腹部肌肉的运动，学会正确的呼吸法。

◆改善上背部的柔韧性。

◆建立手臂在运动时与呼吸的协调性。

确保头部抬得足够高，从而能够支撑颈部的平衡，在整个动作中保持舒适

眼睛看向双腿的大腿中部位置，大约膝盖的高度

保持脊柱的初始位置

1 背部着地，躺在垫子上，将健身球放在两个脚踝之间，双腿从髋部处向前伸直，与垫子呈 45 度角。头部抬起，眼睛看向双腿的大腿中部位置，双臂从肩部向前伸直，悬放在垫子上方，平行于地面，手掌掌心向下。

2 吸气，振臂 5 次（约 5 秒），上半身保持固定不动。

3 呼气，振臂 5 次（约 5 秒），重复以上运动 10 组或 10 次深呼吸。

仰卧位单腿伸展

腹部向内收缩，以支撑脊柱部位的平衡

向前用力伸腿

肩部向下用力，逐渐远离耳朵

1 背部着地，左腿向胸部位置屈膝，右腿向前伸直，与垫子保持45度。双手握住健身球，放在小腿上方，抬头，带动颈部和肩部一起抬起。

头部向上抬起，与颈部保持一个比较舒适的角度

双眼看向大腿

尾骨向下压向地板

2 吸气，把伸直的右腿拉回到胸部位置，膝盖位于髋部正上方。

双手举着健身球，放在小腿上方，肩膀保持固定不动

左腿向前伸直，感受腹部向内收缩，以支撑脊柱的平衡

膝盖、脚踝和臀部始终保持在一条线上

3 呼气，左腿向前伸直，与垫子之间保持45度角，重复第2~3步10次。每一次双膝相错时，它们应该轻轻地相碰。

运动水平
◆ 初级水平健身者。

禁忌人群
◆ 颈部、躯干部位、肩膀部位有明显疼痛感，有损伤或慢性疾病的人群。

目标部位
◆ 腹部肌肉、背部肌肉、手臂肌肉和肩部肌肉。

运动益处
◆ 强化腹部肌肉。
◆ 提高脊柱关节的灵活性。
◆ 建立手臂和腿部在运动时与呼吸的协调性。

仰卧位双腿伸展

运动水平

◆初级向中级水平过渡的健身者。

禁忌人群

◆躯干部位、颈部或肩部有明显疼痛感，有损伤或慢性疾病的人群。

目标部位

◆腹部肌肉、背部肌肉、手臂肌肉和肩部肌肉。

运动益处

◆强化腹部肌肉。

◆提高脊柱关节的灵活性。

◆改善上背部的柔韧性。

◆建立在手臂和腿部运动时与呼吸的协调性。

双眼看向两膝之间。尽量抬高头，保证颈部较为舒适

1 背部着地，双腿向胸部屈膝，双手握住健身球，放在小腿上方，抬起头看向膝盖中间部位。

双臂向上举起时，头部保持不动

脊柱保持固定不动，双腿尽量向外伸出

2 吸气，双臂向上举起，越过头顶，逐渐靠近耳朵，双腿向外伸直，与垫子之间保持 45 度。

头部和躯干部位保持有力且稳定

只有双臂和双腿参与运动

3 呼气，双腿屈膝，拉向胸部，手臂慢慢放下，重新把球带回到小腿上方。

仰卧位直腿交替伸展

双眼看向大腿中部位置

运用大腿内侧的力量夹住健身球，双脚的脚踝抵住球体

1 背部着地，把健身球放在两脚的脚踝之间，双腿向上伸直，脚尖指向天花板。双臂始终伸直，平行悬放于垫子上方，掌心向下，头部、颈部和肩部慢慢抬起，渐渐远离垫子。

双脚用力向内挤压健身球，球体始终保持在双脚的脚踝之间

动作尽量保持平缓，从而对健身球有个控制作用

2 吸气，进行一次深呼吸，转动双腿的时候，把球传到身体一侧。一条腿逐渐向头部靠近，再次吸气并转动双腿，双臂向下振臂两次，做两次深呼吸。

3 呼气，双腿回到初始位置，把球放在两个脚踝之间，吸气，再做一次深呼吸，双腿向身体另一侧转动。重复第2步和第3步，身体两侧交替运动，做10组。

运动水平
◆ 中级水平健身者。

禁忌人群
◆ 躯干部位、颈部或肩部有明显疼痛感，有损伤或慢性疾病的人群。

目标部位
◆ 腹部肌肉、背部肌肉、肩部肌肉、腿部肌肉和手臂肌肉。

运动益处
◆ 强化腹部肌肉。
◆ 改善上背部和腘绳肌的柔韧性。
◆ 改善脊柱关节的运动性能。
◆ 建立手臂和腿部运动时与呼吸的协调性。

仰卧位双腿直伸展

运动水平

◆中级水平健身者。

禁忌人群

◆躯干部位、颈部或肩部有明显疼痛感，有损伤或是慢性疾病的人群。

目标部位

◆腹部肌肉、背部肌肉、手臂肌肉、肩部肌肉、腿部肌肉。

运动益处

◆强化腹部肌肉。

◆改善上背部的柔韧性。

◆增强核心部位的运动控制力。

◆建立手臂和腿部在运动时与呼吸的协调性。

双眼看向大腿中部的位置

向下压肩，肩头逐渐远离耳朵

腹部肌肉向脊柱方向收缩

1 背部着地，双腿向上抬起，脚趾指向天花板，把健身球放在双脚的内侧脚踝之间。头部向上抬起，双臂屈肘，双手扶在头部后方，支撑颈部。吸气以做准备。

头部和眼睛保持同一姿势

躯干部位保持不动

2 呼气，双腿慢慢向下放，与垫子形成 45 度角。

动作尽量平缓，确保每一个动作都不受惯性动量的影响

腹部肌肉向脊柱方向用力收缩

3 吸气，再次举起双腿，回到与垫子呈 90 度角的垂直位置，双脚位于髋部和坐骨的正上方。

仰卧位十字交叉扭转

用尽全部的力气抵住球体，保持其稳定性，加强核心肌肉

肩部放松，逐渐远离耳朵

1 背部着地，双腿屈膝靠向胸部，双肘、前额和左膝合力固定住健身球，保持其稳定性。右腿向前平直伸出，逐渐远离躯干，悬放于垫子上方，呼气，全身向内用力，支撑背部和躯干，上半身向左膝方向扭转。

尽可能调动腹部肌肉，最大限度地收腹

向下压肩，逐渐远离耳朵，肩胛骨向下背部方向位移

上半身和双腿动作幅度尽量简单轻小

2 吸气，右腿向胸部位置屈膝，从而双肘和双膝都能碰到健身球。上半身向膝盖中心线位置上抬，逐渐向上靠近球体。

3 呼气，左腿向前伸直，远离躯干，右膝和双肘固定住健身球，呼气，伸出左腿，上半身尽量上抬，并稍微向右膝方向扭转。从第2步开始重复运动，两腿交替运动10组。

运动水平
◆中级水平健身者。

禁忌人群
◆躯干部位、颈部或肩部有明显的疼痛感，有损伤或是慢性疾病的人群。

目标部位
◆腹部肌肉、背部肌肉、肩部肌肉、腿部肌肉和手臂肌肉。

运动益处
◆强化腹部肌肉。
◆改善上背部和腘绳肌的柔韧性。
◆改善脊柱关节的运动性能。
◆建立手臂和腿部在运动时与呼吸的协调性。

俯卧位球上天鹅式下潜

运动水平

◆ 中级水平健身者。

禁忌人群

◆ 背部、脊柱部位、肩部、手臂或手腕等处有明显疼痛感，有损伤或是慢性疾病的人群。

目标部位

◆ 手臂肌肉、背部肌肉、腿部肌肉。

运动益处

◆ 强化腘绳肌和臀大肌。

◆ 强化背部肌肉。

◆ 激发核心部位的运动意识。

◆ 构建身体的协调性。

双腿后部用力收紧

双肩向下背部方向用力下压

1 髋部抵在健身球上，双手按在球体前方的垫子上，双手刚好在肩部正下方，手臂伸直，将身体撑在球面上。双腿平直向后伸，两腿从髋部处分开，距离大约与肩同宽，髋部外展。吸气，腹部肌肉向内上方收缩，趋向腰椎位置。

整个动作过程中，脊柱姿势始终不变，保持长直

2 呼气，双臂屈肘，头部逐渐靠近垫子，屈肘的同时，双腿向后上抬，指向天花板方向。

每呼吸一次，全身都做一次舒展

整个动作过程中，腹部肌肉始终用力上抬身体

3 吸气，慢慢放下双腿，双脚脚尖按压在垫子上，双臂向上抬起，高过头顶，脊柱尽量伸展。避免运动过程中，脊柱和后背因快速流畅的动作而受伤，同时，运动全程脊柱曲线保持不变，且保持脊柱的运动活性。从第2步开始重复以上动作5~10次。

俯卧位球上泳式

向下压肩。双腿后部
用力收紧

运动水平

◆中级水平健身者。

禁忌人群

◆躯干部位、颈部或肩部有明显的疼痛感，有损伤或是慢性疾病的人群。

目标部位

◆腹部肌肉、背部肌肉、肩部肌肉、腿部肌肉和手臂肌肉。

1 髋部抵在健身球上，双手按在球体前方的垫子上，双手刚好在肩部正下方，手臂伸直，将身体撑在球面上。双腿平直向后伸，双腿从髋部处分开，距离大约与肩同宽，髋部外展。吸气，腹部肌肉向内上方收缩，趋向腰椎位置。

运动益处

◆强化腹部肌肉。

◆强化上背部肌肉和腘绳肌。

◆改善脊柱关节的运动性能。

◆构建身体的协调性。

脊柱始终保持挺直拉伸

只有腿部运动

2 呼气，小幅度踢腿5次（大约5秒）。

3 吸气，踢腿5次。

4 呼气，踢腿5次，重复第3步和第4步，做10次深呼吸。

难度挑战

　　主要挑战的是上半身的运动能力，小幅度、迅速振臂时，双腿向下放，双脚落在垫子上，且脚尖一直按压在垫子上。可以稍微屈膝，保持身体的稳定性；也可以保持双腿伸直，双脚脚趾按压在垫子上，扣住垫子，这样更加能够确保稳定性。吸气，振臂5次（大约5秒）；呼气，继续振臂5次，重复该动作约10次深呼吸的时间。

保持上半身收紧上抬

俯卧位球上屈体

运动水平

◆中级向高级水平过渡的健身者。

禁忌人群

◆背部、脊柱部位、肩部、臀部或手腕部位有明显疼痛感，有损伤或慢性疾病的人群。

目标部位

◆手臂肌肉、肩部肌肉、背部肌肉和腿部肌肉。

运动益处

◆强化腘绳肌和臀部肌肉。

◆强化背部肌肉。

◆唤醒核心部位的运动意识。

◆运动过程中，建立身体的协调性。

屈膝屈身滚动

双腿后部用力收紧

肩部下压

1 双腿并拢，大腿放在健身球上，双臂伸直，手掌抻平按压在球体前方的垫子上，且位于肩膀的正下方。双腿向后用力伸直，大腿根部紧贴在一起。吸气，腹部向脊柱后上方收紧，躯干保持舒展。

脊柱保持挺直拉伸

只做腿部屈膝运动

2 呼气，球体从大腿滚动到小腿，屈膝位于髋部正下方。吸气，双腿伸直，回到初始位置，重复以上动作8~10次。

直腿屈身滚动

双手向下按压垫子，
上臂部用力，以支撑
上半身

向上用力抬起坐骨，从而整
个身体从髋部位前屈倒立

1 动作开始时，健身球放在离大腿较远的
小腿下部，比屈膝滚动的起始位更远离髋部。
双手向下按压垫子，所有力量集中在双臂，从
而支撑双肩，同时舒缓腕部所承受的压力。吸
气以做准备，腹部向内收紧。

2 呼气，向上提臀，坐骨上抬，只有
脚踝或是脚尖放在健身球上，双腿始终保持
平直伸展。身体屈体后翻，就像一个倒放的
V 字，吸气，回到初始位置，重复上述动作
8~10 次。

单腿屈身滚动

动作尽量平缓，保持身
体和健身球平衡可控

1 这是一个对核心部位、上半身和腿部极
具挑战性的动作！腹部肌肉向脊柱部位收缩，
当直腿屈身滚动时，抬起一条腿，脚尖指向
天花板。

2 两腿尽可能分开，上抬的那条腿尽量
向上抬。

俯卧位球上俯卧撑

运动水平

◆中级向高级水平过渡的健身者。

禁忌人群

◆手腕部位、肩部或背部有明显疼痛感，有损伤或慢性疾病的人群。

目标部位

◆手臂肌肉、肩部肌肉和核心肌肉。

运动益处

◆强化手臂肌肉和肩部肌肉。

◆提高核心区域的稳定性。

双腿保持挺直拉伸，就像一块板

双腿向后伸展，逐渐远离躯干

上臂部用力。双手向下按压垫子

1 髋部平放在健身球上方，双臂用力伸直，双手按压在球体前方的垫子上，位于肩部正下方。双臂用力，舒缓手腕部所承受的压力。

双臂屈肘，身体保持挺直伸长，就像一支笔直的飞镖

肩膀向下背部用力，逐渐远离耳朵

2 吸气，双臂屈肘，头部慢慢向下靠近垫子，但尽可能不要碰到垫子。

腹部肌肉向脊柱方向收紧

动作尽量轻缓平稳，保持髋部下方球体的平衡

双臂慢慢伸直，双肘也逐渐从屈曲状态伸直

3 呼气，双臂伸直，身体逐渐回到动作的起始位置，从第2步开始重复以上动作，做5~10次。

难度挑战

想要增加动作的难度，身体向健身球前方稍微前移，双腿并拢，大腿平稳放在球体上，这个动作对核心肌肉更具挑战性，因为做俯卧撑动作的时候，双臂必须将身体撑到更高的位置。

侧卧位抬腿

头部和颈部尽量伸直,不要垂下来

双眼平视前方

向脊柱方向收腹

想象着自己的身体正处于两块平直的玻璃片之间

1 身体右侧倚卧在健身球上,右边的肋骨抵在球体上,右腿屈膝跪地,以膝盖为支点,右腿大腿与垫子呈 45 度角。上半身倾身靠在球上,右手放在球体另一侧的垫子上,左腿向外伸直,悬放在垫子上方,准备运动。左臂屈肘,左手放在头部后方,肘关节指向天花板。

向脊柱方向收腹

躯干部位伸直拉长

难度挑战

要想增加运动难度,可以从起始位开始就在健身球上摆一个更难的姿势,身体右侧倚卧在球体上,右髋部抵在健身球上,髋部、双腿和双脚保持直线,叠放在垫子上。身体腰部以上部分悬垂在球上,右手放在球体另一侧的垫子上,左手放在头部后方,屈肘指向天花板。

最下面的那根肋骨和髋部顶端始终保持相同的距离,腰部两侧保持不动

动作轻缓,有条不紊,维持身体的平衡性和可控性

运动水平
◆ 初级向中级水平过渡的健身者。

禁忌人群
◆ 手臂部位、手腕部位、膝盖部位、腿部或背部有明显的疼痛感,有损伤或慢性疾病的人群。

目标部位
◆ 腿部肌肉、核心肌肉和手臂肌肉。

运动益处
◆ 提高核心区域的稳定性。
◆ 强化腿部肌肉,并使其得到拉伸。
◆ 强化腹部肌肉。
◆ 改善机体的平衡性和协调性。

2 吸气,左腿尽可能高向上抬起伸直,左脚脚尖平直伸出,同时保证躯干部位不被拉伸。呼气,左脚呈自然背屈状态,慢慢放下左腿,回到初始位置。重复这个向上抬腿的动作,两侧各做 8~10 次。

侧卧位单腿画圈

运动水平

◆ 初级向中级水平过渡的健身者。

禁忌人群

◆ 手臂部位、手腕、膝盖、腿部或是后背部有明显疼痛感，有损伤或是慢性疾病的人群。

目标部位

◆ 腿部肌肉、核心肌肉和手臂肌肉。

运动益处

◆ 提高核心区域的稳定性。

◆ 强化腿部肌肉，并使其得到拉伸腿部。

◆ 强化腹部肌肉。

◆ 改善机体的平衡性和协调性。

单腿绕约一个小餐盘大小的圆圈

1 选择一个球上侧卧位的初始姿势，吸气，上面的那条腿向身体的前上方画一个圆圈。

2 呼气，绕圈的那条腿向后下方慢慢画圆，运动轨迹形成一个小圆圈，重复这个动作 8~10 次，然后沿着相反的轨迹画圈，重复动作 8~10 次。

侧卧位单腿前踢

肩部尽量放松，抬起左腿向前踢腿

躯干始终保持固定不动

感受上面那条腿腘绳肌的拉伸

1 选择一个球上侧卧位的初始姿势，做一次双呼吸，左腿向前做踢腿运动，左脚呈自然背屈状态。

上半身保持稳定不动

踢腿动作尽量轻缓小心，保持身体平衡可控

感受上面那条腿大腿部位的拉伸

2 呼气，向后方踢出上面的那条腿，脚尖向前平伸，向前后两方向各踢腿 8~10 次。

运动水平

◆ 初级向中级水平过渡的健身者。

禁忌人群

◆ 手臂、手腕、膝盖、腿部或背部有明显的疼痛感，有损伤或是慢性疾病的人群。

目标部位

◆ 腿部肌肉、核心肌肉、手臂肌肉。

运动益处

◆ 提高核心区域的稳定性。

◆ 强化腿部肌肉，并使其得到拉伸腿部。

◆ 强化腹部肌肉。

◆ 改善机体的平衡性和协调性。

侧卧位单侧翻转

运动水平
◆高级水平健身者。

禁忌人群
◆肩部、背部或脊柱部位有明显疼痛感，有损伤或慢性疾病的人群。

目标部位
◆腹部肌肉、手臂肌肉、背部肌肉和核心肌肉。

运动益处
◆强化腹部肌肉。
◆改善机体的平衡性和协调性。
◆强化手臂肌肉。
◆强化背部肌肉。

想象着自己被夹在两块平直的玻璃板之间，向脊柱位置收腹

双眼始终看向前方，颈部后方保持拉伸，且始终和脊柱在同一条直线上

大腿内侧用力贴在一起

身体保持一个类似长镖一样的姿势

1 将身体一侧倚靠在健身球上，双腿并拢上抬，脱离垫子，双臂并排伸直按压在垫子上，分开的距离与肩同宽。上半身微微扭转，上面的那个手臂越过身体，按在垫子上，吸气以做准备。

身体始终保持平直，就好像自己是一块平直的木板

双眼看向地板

2 呼气，髋部和骨盆用力，带动整个身体向下翻转，面向地面。

动作尽量轻缓可控

运动过程中，身体保持挺直拉伸状态

在做球上翻转的时候，调整呼吸帮助运动

3 吸气，身体从一侧翻转到另一侧，另一侧的髋部抵在健身球上，球体在身下滚的时候，双手始终放在垫上的相同位置。从第2步开始，两个方向翻转，各重复运动5~10次。

第 9 章

普拉提环辅助运动

　　本章介绍的练习动作，主要借助的道具是普拉提环，也就是人们常说的魔力圈。这个环是一个提供附加阻力的非常好的道具，能够在标准的普拉提练习动作中，对身体的稳定性和平衡性提出更高难度的挑战。同时，借助普拉提环进行运动还能增加很多运动乐趣！

选择普拉提环时，需要考虑的是它的重量和舒适程度。理想情况下，普拉提环为中等重量且有手柄（有填充物的手柄更好），这种普拉提环是最通用的，舒适且方便使用。

如果腹股沟、耻骨或是骶髂关节、踝关节、膝关节或腕关节有明显的疼痛感，有损伤或是慢性疾病的话，在使用普拉提环的时候需要多加注意。这些区域对压力特别敏感，如果这些部位感到疼痛或是有损伤的话，尽量不要使用普拉提环。

一般而言，普拉提环是一个非常安全的道具，但是当你对它施加了一个非常大的压力时，它也有可能脱离控制飞出去，甚至飞向你。尽量不要离普拉提环太近，也不要在其上施压太大的压力，只需施加中等强度的压力，从而对肌肉群轻微用力即可。借助普拉提环运动能够确保你在运动的时候不会过度挑战自己的稳定性和肌肉耐力。

单腿站立平衡运动

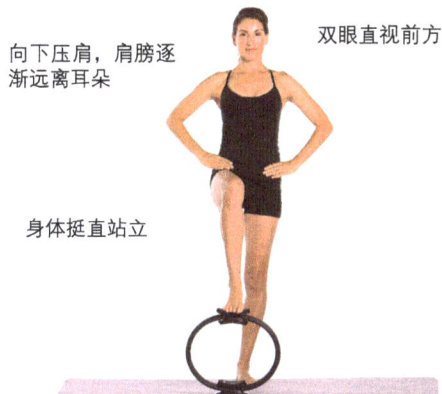

双眼直视前方

向下压肩,肩膀逐渐远离耳朵

身体挺直站立

运动水平
◆初级水平健身者。

禁忌人群
◆脚踝、膝盖、髋部、骶骨等部位有明显疼痛感,有损伤或是慢性疾病的人群。

目标部位
◆腿部肌肉、臀部和核心肌肉群。

运动益处
◆强化腘绳肌。
◆改善机体的平衡性和协调性。
◆提高膝盖部位和脚踝部位的稳定性。

1 单腿站立,另一条腿抬起,抬起那只脚对普拉提环施加一个压力,使其呈拱形。双手放在髋部位置,或者将手臂平直伸出,与肩同高,掌心向下。如果必要的话,可以扶住墙面,以保持身体的平衡性。吸气以做准备,继续保持平衡。

每一次呼气时,感受腹部向脊柱后上方收紧

动作轻缓平稳,保持可控性

变形动作
可选择站立时将双臂侧平举伸出,掌心向下。

2 呼气,向下踩压普拉提环,持续保持这个恒定的压力,每次从吸气到呼气,环上所受阻力从轻度到中度循环过渡。

3 吸气,轻轻释放施加在普拉提环上的压力,有控制地慢慢回到初始位置,感受直立在地面上的那条腿保持平衡性和可控性,维持普拉提环上的恒定压力。重复上述动作 8~10 次,换到另外一只脚重复以上动作 8~10 次。身体两侧的平衡性会略有差别,需要用心体会。

单腿站立腿部多方向组合运动

运动水平

◆初级水平健身者。

禁忌人群

◆踝、膝盖、髋、骶骨部位有明显疼痛感，有损伤或慢性疾病的人群。

目标部位

◆腿部肌肉、臀部肌肉和核心肌肉。

运动益处

◆强化大腿内侧肌肉。

◆改善机体的平衡性和协调性。

向下压肩，肩膀逐渐远离耳朵

双眼直视前方

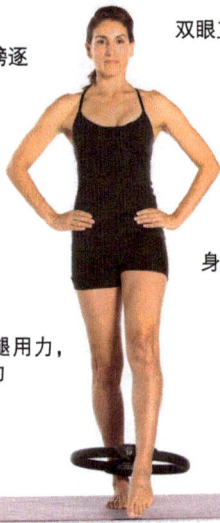

身体挺直站立

站立的那条腿用力，全程参与运动

1 单腿站立，将普拉提环放在双脚的两个脚踝之间，开始时，普拉提环位于直立的那只脚的前方，抬起的那只脚的脚踝后方和直立的那条腿共同撑住普拉提环。双手可以放在髋部，也可以自然垂放在身体两侧，如果必要的话，可以扶住一面墙壁来支撑，保持身体的平衡。吸气准备，身体继续保持平衡。

2 呼气，前面的那条腿用力，对普拉提环施压，将其按向直立的那条腿，时刻保持普拉提环上承受相同的压力，确保其不会掉落在地上。感受腹部肌肉向脊柱后上方收紧。该动作重复 8~10 次。

躯干部位挺拔直立

施压的那条腿伸直悬放，保持普拉提环稳定不动

3 吸气，平稳小心地将普拉提环移动到直立那条腿的一侧。如果运动过程中普拉提环落地了，只要把环拿起来放到合适的位置，再继续运动就可以了。如果必要的话，抬起的那条腿的脚趾可以轻触地面，从而帮助身体保持平衡。

4 呼气，向站立的那条腿的方向对普拉提环施压，整个运动过程中，直立的那条腿的腿部肌肉始终用力参与运动，尤其是大腿内侧。重复上述动作 8~10 次。

肩部尽量放松，想象自己像一根挺拔的石柱

对普拉提环施压的时候，躯干部位上抬

重点锻炼股四头肌和髋部屈肌

站立的那条腿始终保持固定不动

5 吸气，平缓小心地移动普拉提环，将其转动到站立的那只脚的后侧。

6 呼气，对普拉提环施压，将其压向直立的那条腿，重复这个动作 8~10 次。两腿动作交换，从第 1 步开始重复上述运动，身体两侧的平衡性可能会稍有差别，如果直立的那条腿觉得疲劳了，那么每次两腿交换动作时，都可以让直立的那条腿休息一下。

双腿站立手臂多方向组合运动

运动水平
◆初级水平健身者。

禁忌人群
◆双手、手腕、肘部或肩膀有明显疼痛感，有损伤或慢性疾病的人群。

目标部位
◆胸部肌肉、手臂肌肉，肩部肌肉和上背部肌肉。

运动益处
◆强化手臂肌肉。
◆强化后背部肌肉。
◆学会正确的站姿，能笔直挺拔地站立。

肩部向下背部用力，肩膀逐渐远离耳朵

呼气，腹部肌肉向脊柱后上方收紧

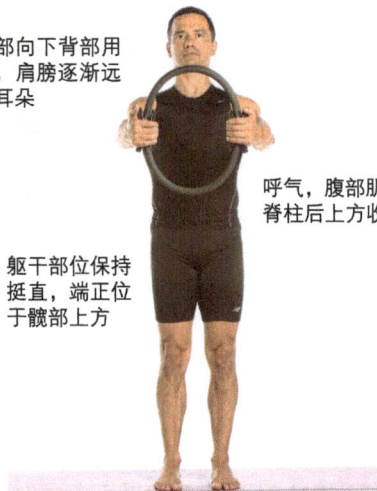

躯干部位保持挺直，端正位于髋部上方

1 采取调整后的普拉提站姿（见第12页），双手握住普拉提环，与肩同高，掌心相对握住手柄。施加一个稍微温和的压力，足以让你感觉到胸部肌肉的运动，同时又能保证普拉提环还在双手之间。吸气，以做准备。

2 呼气，轻轻地挤压普拉提环，向内挤压环的时候，感受胸部肌肉的运动，施加一个轻度到中度的力给普拉提环，吸气，慢慢放松，释放环上的压力。重复以上动作8~10次。

身体保持端正挺拔，不偏向任何一边

腹部向内收紧

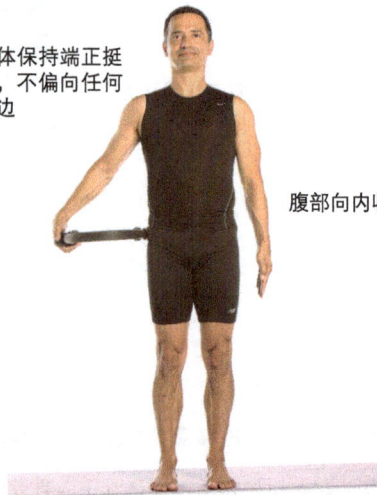

3 保持调整后的普拉提站姿，一只手握住普拉提环的手柄，将其抵放在髋部位置，吸气，以做准备。

4 呼气，轻轻地向内挤压普拉提环，胸部肌肉和背阔肌（沿着背部两侧的肌肉）内收。双脚保持不动，头部上抬，带动整个躯干部位的舒展拉伸，吸气，返回到初始位置。一只手臂完成上述动作，重复运动 8~10 次，然后交换到另一只手臂。

颈部肌肉尽量放松

躯干两侧保持拉伸

5 采用调整后的普拉提站姿，单手将普拉提环放到同一侧肩部上方，吸气以做准备。

6 呼气，对普拉提环轻轻地向下施压，慢慢压向肩部，感受肱二头肌和背阔肌渐渐收紧，从而维持整个躯干部位的稳定性。集中注意力在呼吸上，单手重复以上动作 8~10 次，然后双手交换，在身体的另一侧做相同的运动。

仰卧位卷起

运动水平

◆初级向中级水平过渡的健身者。

禁忌人群

◆脊柱、颈部或背部有明显疼痛感，有损伤或是慢性疾病的人群。

目标部位

◆腹部肌肉、背部肌肉和肩胛骨。

运动益处

◆强化腹部肌肉。

◆提高肩部的稳定性。

◆改善下背部的柔韧性。

◆改善脊柱关节的运动活性。

1 平躺在垫子上，双手分别握住普拉提环相对的两个手柄，双臂向头部方向伸直，举过头顶。如果下背部非常紧的话，那就选择一个中立的起始位置，相关细节我们在第6章里讨论过（见第59页），这样可以帮助你在卷腹运动中，慢慢放松腰椎。

双脚和双腿始终放在垫子上，同时向下按压垫子，从而保持其稳定性

腹肌向脊柱后上方收紧，从而拉伸并支撑腰椎

2 吸气，慢慢向上抬起手臂，指向天花板，下巴朝向胸部。头部和脊柱慢慢远离垫子，慢慢起身，每次移动一节脊骨。双臂对普拉提施加一个压力，从而助力卷腹上升，身体慢慢离开垫子。如果必要的话，也可以屈膝以帮助你卷腹起身。

卷腹起身时，肩部向下背部用力，逐渐远离耳朵

保持腰椎的卷动

腹部肌肉向脊柱收缩，从而支撑腰椎

双臂始终与地面保持平行

3 呼气，身体继续向前卷起，直到手臂平行于地面，悬停于双腿上方。

脊柱慢慢下放，就像放下一串珍珠项链，每次只放一节脊骨

身体下放回落时，动作要点在于腰椎的拉伸

4 吸气，身体开始向后下方回落。躯干部位向后回落时，手臂始终位于胸部前方，如果必要的话，可以屈膝。

腹部肌肉始终参与运动，随时准备重新开始

手臂和双腿向相反的方向运动时，感受身体的伸展

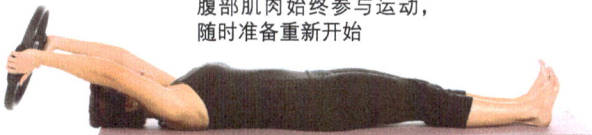

腰椎和肋骨向下用力，按压垫子

5 呼气，身体继续向下回落，直到双臂伸直举过头顶，头部重新回到垫子上，重复第 2~5 步 5~8 次。

仰卧位反卷

运动水平

◆中级水平健身者。

禁忌人群

◆脊柱、颈部或背部有明显疼痛感，有损伤或是慢性疾病的人群。

目标部位

◆腹部肌肉、背部肌肉和肩胛骨。

运动益处

◆强化腹部肌肉。

◆改善上背部的柔韧性。

◆改善脊柱关节的运动活性。

双腿大腿内侧用力，对普拉提环施加一个轻度到中度的压力

肩部放松，逐渐远离耳朵

1 平躺在垫子上，两个脚踝轻轻用力稳住普拉提环，双腿向上伸直，位于髋部正上方，脚尖指向天花板。双臂自然平放在身体两侧，掌心向下，吸气，腹部肌肉向内收紧，手掌稍微向下用力按压垫子，身体准备翻卷。如果觉得需要的话，可以微微屈膝。

整个动作中，腹部肌肉始终收紧

胸部保持打开

手臂和手掌向下按压，从而控制整个动作

平衡两个肩胛骨之间的重心

2 吸气，双手向下按压垫子，髋部向后用力翻卷，带动脊椎向后卷动，直到双腿越过头部，与地面保持平行，而两个脚踝之间的普拉提环能够触碰到身后的墙壁。

双腿与地面保持平行

后背部保持平直舒展。
打开胸腔，锁骨向肩部
两侧舒展

双脚运动的时候，
腹部肌肉向脊柱
收紧

颈部区域保持放松

3 吸气，双脚呈自然背屈状态，再向普拉提环施加一点压力。

4 呼气，脊柱向下回落，直到双腿伸直至髋部正上方，动作轻缓平稳，脊柱回到最初的伸展位置。腹部肌肉用力，控制脊柱向下回落。

5 吸气，脚尖指向天花板，双脚向上拉伸时，感受坐骨趋向地面。重复以上动作 4~6 次。

仰卧位单腿伸展

运动水平

◆初级向中级水平过渡的健身者。

禁忌人群

◆脊柱、颈部、背部、臀部或肩部有明显疼痛感，有损伤或是慢性疾病的人群。

目标部位

◆腹部肌肉、背部肌肉、手臂肌肉。

运动益处

◆强化腹部肌肉。

◆改善上背部的柔韧性。

◆提高核心部位的控制能力。

◆提高动作和呼吸节奏之间的协调性。

◆增强手臂和肩部的稳定性和肌肉力量。

双手用力挤压普拉提环

头部慢慢抬高，保持颈部在运动过程中的舒适度

双眼看向大腿中部

肩部和颈部尽量放松

腹部肌肉向内收紧，从而支撑脊柱的稳定

1 平躺在垫子上，一条腿屈膝上抬，至髋部垂直上方，另一条腿平直伸出，与垫子呈 45 度角。头部上抬，带动颈部和肩部慢慢脱离垫子，双手始终握住普拉提环的两个手柄，位于小腿上方，双臂向外伸出。吸气以做准备。

2 呼气，双腿动作交换两次，双臂始终保持在膝盖上方的那个姿势。两腿交替屈伸时，感受两腿的大腿内侧以及膝盖部位轻轻地擦过彼此，重点在于协调呼吸韵律和动作节奏。继续双腿交替运动 5~10 次，吸气，呼气两次，两腿交换。

仰卧位双腿伸展

双手手臂用力，轻轻
向内挤压普拉提环

双眼看向大腿
中部位置

胸腔保持舒展

1 背部着地，双腿屈膝抬高到髋部正上方，至仰卧屈膝位，双手握着普拉提环的两侧手柄，双臂伸直，将环放在膝盖上方，头部向上抬起。

手臂越过头顶，保持
在耳朵前方位置

头部保持固
定不动

胸腔保持舒展

眼睛直接看向前方

2 吸气，双臂伸直，向上抬起，从双耳旁边擦过，两腿向前伸直，与地面保持45度角。

3 呼气，回到"仰卧屈膝位"，做一次深度吸气，腹部肌肉向内收紧，动作尽量轻缓，保持在可控制范围内。重复以上动作4~8次。

运动水平

◆ 初级向中级水平过渡的健身者。

禁忌人群

◆ 脊柱、颈部、背部或肩部有明显疼痛感，有损伤或是慢性疾病的人群。

目标部位

◆ 腹部肌肉、背部肌肉、手臂肌肉和肩部肌肉。

运动益处

◆ 强化腹部肌肉。

◆ 改善上背部的柔韧性。

◆ 提高核心部位的控制能力。

◆ 提高手臂、腿部的动作和呼吸节奏之间的协调性。

仰卧位双腿直伸展

运动水平

◆中级水平健身者。

禁忌人群

◆脊柱、颈部、背部或肩部有明显疼痛感，有损伤或慢性疾病的人群。

目标部位

◆腹部肌肉、背部肌肉、手臂肌肉和肩部肌肉。

运动益处

◆强化腹部肌肉。

◆改善上背部的柔韧性。

◆改善身体核心部位的控制能力。

◆提高手臂、腿部的动作和呼吸节奏之间的协调性。

双手轻轻抱头

向下压肩，逐渐远离耳朵

1 背部着地，双手扶住头部，作为支撑，双肘外展，头部慢慢抬起。双腿向上伸直，脚尖指向天花板，普拉提环放在双脚脚踝之间。

胸腔始终保持打开状态，锁骨向肩部两侧舒展

腰椎部位尽量不要动，慢慢放下双腿

腹部肌肉向脊柱后下方收紧，以支撑背部

2 吸气，双腿伸展到与地面呈 45 度角的位置。

3 呼气，回到准备位置，双腿在臀部正上方。做一次深呼吸，腹部肌肉向内收紧，动作轻缓。重复以上动作4~8次。

仰卧位十字交叉扭转运动

1 背部着地，双手扶住头部以支撑颈部，双腿向上伸直，抬高到髋部正上方，普拉提环放在双腿的脚踝之间。如果腘绳肌柔韧性不是很好，可以稍微屈膝，吸气以做准备。

双臂屈肘外展。动作主要从躯干和手腕部到斜方肌用力

动作尽量保持轻缓平稳，维持普拉提环的可控性

肩部尽量放松

2 呼气，一条腿向胸部位置以及身体另一侧的那条腿扭转，沿着相反路径重复运动，继续呼气，必要时，可以重新把普拉提环放回到两个脚踝之间。

3 吸气，两腿和上半身交替运动两次，有控制地在普拉提环上施加一个轻度到中度的压力，且一直保持这个压力，肩部尽量放松，向下用力，让其远离耳朵。重复以上动作 4~8 次的深呼吸。

运动水平

◆中级水平健身者。

禁忌人群

◆脊柱、颈部、背部或肩部有明显疼痛感，有损伤或是慢性疾病的人群。

目标部位

◆腹部肌肉、背部肌肉、手臂肌肉和肩部肌肉。

运动益处

◆强化腹部肌肉。

◆改善上背部的柔韧性。

◆提高核心部位的控制能力。

◆建立手臂、腿部的动作和呼吸节奏之间的协调性。

仰卧位 V 字形体

运动水平
◆中级向高级过渡的健身者。

禁忌人群
◆脊柱、颈部或后背有明显疼痛感，有损伤或慢性疾病的人群。

目标部位
◆腹部肌肉和腿部。

运动益处
◆强化腹部肌肉和屈髋肌群。
◆发展机体的协调性和平衡性。

肋骨向身体下方的垫子用力

1 背部着地，双腿向上伸直，位于髋部正上方，将普拉提环放置于两个脚踝之间。双臂向身体上方平直伸展，越过头顶（如果肩部区域比较紧绷的话，必须保证双臂略高于垫子，平行于地面）。

动作尽量轻缓可控

2 吸气，慢慢上抬双臂，朝向天花板运动，带动头部、颈部和肩部逐渐脱离垫子，双腿开始向下回落，到与垫子呈 45 度角的位置。

看上去像 V 字形

背部尽可能保持平直

胸部尽量向前高高挺起，锁骨向双肩舒展，呈现一个大大的笑脸

3 呼气，继续向前卷腹，双腿伸直悬放在与垫子呈 45 度角的上方位置，双臂伸向脚踝位置。

肩部尽量
放松

腹部肌肉向内收紧

4 吸气，身体开始向下回落，脊柱慢慢靠向垫子，双臂始终向前伸直，双腿也可开始向下放，逐渐靠近垫子。

要注意，千万不要摆动双臂或双腿，动作
尽量轻缓可控

5 呼气，继续向下回落，双臂回到越过头顶的起始位置，双腿悬停在略高于垫子的位置。重复上述动作3~5次。

高级水平健身者的难度挑战

从第3步开始，吸气，双手握住脚踝，呼气，回落时做侧向屈身动作（见第7章），吸气，动作到达最低位的时候，深吸一口气。呼气，慢慢回到V字形体位。重复以上动作3~5次，然后释放脚踝处的压力，继续从第4步开始做到结束。

肩部放松，逐
渐远离耳朵。
卷回到V字形
体时，抬高头
部，远离地面

俯卧位天鹅下潜

运动水平

◆中级水平健身者。

禁忌人群

◆肩部、肘部、下背部或手腕部位有明显疼痛感，有损伤或慢性疾病的人群。

目标部位

◆腘绳肌、上背部肌肉和肩部肌肉。

运动益处

◆强化腘绳肌、背伸肌和臀部。

◆强化腹部肌肉。

◆改善肩部的柔韧性。

◆使背部得到拉伸。

臀部向内轻轻用力收紧，将耻骨向垫子方向按压，腰椎保持伸展

肩胛骨下拉，向下后背运动，肩部逐渐远离耳朵

腹部向脊柱后上方收紧

1 腹部着地，趴在垫子上，前额抵在垫子上，双手抓住普拉提环外缘的手柄，掌心相对。大腿内侧微微分开，距离约为坐骨间距大小，双腿伸直收紧，腹部向脊柱后上方收缩，远离垫子，吸气以做准备。

胸骨上抬，胸腔打开

轻轻地收缩臀部，以保护脊椎在拉伸时不受损伤

眼睛直接看向前方，保持颈部和躯干部位始终齐平

2 呼气，双手对普拉提环施压，上半身抬起。

3 吸气，回到起始位置，呼吸时感受身体慢慢舒展。重复以上动作 4~6 次。

俯卧位单腿后压

肩胛骨向下后方拉动，肩部逐渐远离耳朵

腹部肌肉向内收缩，将肚脐拉向脊柱方向

1 腹部着地，趴在垫子上，一条腿屈膝向臀部交叠，把普拉提环抵在脚踝或脚后跟和臀部之间，双臂屈肘，双手叠放，掌心向下，前额抵在手背上，吸气以做准备。

向下按压普拉提环，动作轻缓，力量有节制

肩部向下拉动，逐渐远离耳朵

腹部向脊柱后上方收缩

2 呼气，脚踝向后下方用力，按压普拉提环，伸直的那条腿始终放在垫子上，沿着躯干部位相反的方向用力伸展。

3 吸气，回到初始位置，慢慢地释放普拉提环上的压力，保持环体始终在可控范围内。重复上述动作 8~10 次，换到另一条腿重复相同的动作。

运动水平
◆ 中级水平健身者。

禁忌人群
◆ 下背部、脚踝、膝盖或髋部有明显疼痛感，有损伤或慢性疾病的人群。

目标部位
◆ 腘绳肌和臀部。

运动益处
◆ 强化腘绳肌。
◆ 强化臀部肌肉。

侧卧位单腿下压

◆初级向中级水平过渡的健身者。

禁忌人群

◆髋部外侧区域（大转子）比较敏感的人群。

◆髋部、腿部、膝盖、脚踝、颈部、肩部、肘部或腕部有明显疼痛感，有损伤或慢性疾病的人群。

目标部位

◆大腿内侧。

运动益处

◆改善髋部、骨盆和躯干的稳定性和控制力。

◆强化髋部、臀部及大腿内侧肌肉。

感受腰部向下用力拉伸，每根肋骨都舒展开来

双脚呈自然背屈状态，就像站立时的姿势一样

1 侧躺在垫子上，躯干部位与垫子后边缘保持平行，身体挺直，髋部弯曲，从而双腿可以向身体前方微倾。身体下侧的那条腿放在普拉提环的内侧，上侧的那条则放在普拉提环的上边缘。双脚向身体方向弯曲，头部枕在平直伸展的右手臂上，掌心向上或向下。如有必要，右手肘微屈，从而固定头部，身体上侧的手臂屈肘，放在身体前方作为支撑，吸气，以做准备。

2 呼气，身体上侧那条腿向下压环，肩膀运动或放松时，躯干部位保持挺拔笔直，两侧身体各重复运动 8~10 次。

侧卧位向上拉环

感受上面的那条腿慢慢抬起，髋部尽量舒展

收缩下面那条腿以支撑身体的平衡

1 保持身体处于侧卧位，上面的那条腿放在普拉提环内侧，脚踝抵在环体上端内侧，吸气以做准备。

2 呼气，身体上侧那条腿向天花板方向用力拉环，吸气，让环恢复到原来的形状，释放施加在环上的拉力，动作始终轻缓到位。慢慢释放普拉提环上的压力时，尽量保持环上所受的力不减。重复上述动作 8~10 次。你可以继续重复身体这一侧的运动，也可以换到另一侧重复上述动作。

运动水平

◆ 初级向中级水平健身者。

禁忌人群

◆ 髋部外侧区域（大转子）比较敏感的人群。

◆ 髋部、腿部、膝盖、脚踝、颈部、肩部、肘部或腕部有明显疼痛感，有损伤或慢性疾病的人群。

目标部位

◆ 大腿外侧肌肉和外旋肌群。

运动益处

◆ 提高髋部、骨盆和躯干部位的稳定性和控制力。

◆ 强化髋部、臀部和大腿内侧肌肉。

侧卧位腿画圈

运动水平

◆初级向中级水平过渡的健身者。

禁忌人群

◆髋部外侧区域（大转子）比较敏感的人群。

◆髋部、腿部、膝盖、脚踝、颈部、肩部，肘部和腕部有明显疼痛感，有损伤或慢性疾病的人群。

目标部位

◆大腿内侧、外侧及外旋肌群。

运动益处

◆改善髋部、骨盆和躯干的稳定性和控制力。

◆强化髋部、臀部及大腿内侧肌肉。

上半身保持稳定且放松　　　单腿绕环时，躯干部位始终拉伸舒展

双腿保持强有力

1 保持身体处于侧卧位，上面的那条腿放在普拉提环内侧，脚踝抵在环体前缘，吸气，开始在环内由上向下绕腿，画一个小圈。

2 呼气，继续上下绕圈，回到起始位置。重复这个向前绕圈的动作 8~10 次，然后再沿着相反轨迹重复运动。你可以继续重复身体这一侧的运动，也可以换到另一侧重复上述动作。

侧卧位蹬车运动

1 保持身体处于侧卧位，身体上侧那条腿抬起，与髋同高，位于下侧那条腿和普拉提环的后侧。

上侧腿抬起，保持与髋同高

髋部、膝盖和脚踝始终在一条直线上

2 吸气，上侧那条腿屈膝抬腿，膝盖与髋部保持同高。

身体保持固定不动

整个过程中，躯干舒展拉伸

3 呼气，上侧那条腿伸直，穿过普拉提环，脚趾向前伸展。

4 吸气，上侧那条腿屈膝，脚尖从普拉提环的中心处运动到髋部正前方，呼气，再重新伸直，回到环体的前侧。重复以上运动，屈膝，脚的位置从前侧运动到中间再到后侧，做 3~5 个循环。你可以继续重复身体这一侧的运动，也可以换到另一侧重复上述动作。

运动水平

◆ 初级向中级水平过渡的健身者。

禁忌人群

◆ 髋部外侧区域（大转子）比较敏感的人群。

◆ 髋部、腿部、膝盖、脚踝、颈部、肩部、肘部和腕部有明显疼痛感，有损伤或慢性疾病的人群。

目标部位

◆ 大腿内侧、外侧肌肉、外旋肌群、腘绳肌、髋屈肌和臀部。

运动益处

◆ 提高髋部、骨盆和躯干部位的稳定性和控制力。

◆ 强化髋部、臀部和大腿内侧肌肉。

侧卧位点地

1 保持身体处于侧卧位，身体上侧那条腿跟下侧那条腿同高，位于其和普拉提环的后侧。

控制上侧那条腿的动作，伸到普拉提环上侧

腰部保持拉伸

2 吸气，左腿沿着普拉提环运动到上端。

颈部放松

保持肩部，躯干部位和髋部相互叠放

下侧的腿保持伸直

3 继续吸气，上侧那条腿沿着普拉提环画一个半圆，绕到环体的前侧。

4 呼气，再从环体的前侧沿环向后画一个半圆。重复这个画半圆的动作 4~8 次或 4~8 次深呼吸的时间。

运动水平
◆ 初级向中级水平过渡的健身者。

禁忌人群
◆ 髋部外侧区域（大转子）比较敏感的人群。
◆ 髋部、腿部、膝盖、脚踝、颈部、肩部、肘部和腕部有明显疼痛感，有损伤或慢性疾病的人群。

目标部位
◆ 大腿内侧、外侧肌肉、外旋肌群。

运动益处
◆ 提高髋部、骨盆和躯干部位的稳定性和控制力。
◆ 强化髋部、臀部和大腿内侧肌肉。

第 10 章

弹力带辅助运动

　　本章将着重介绍如何进行弹力带辅助运动。传统意义上来说，弹力带通常被用作康复理疗的辅助工具，也可用作患者在家里进行自主治疗的锻炼工具。在接下来介绍的运动中，某些情况下，我们利用弹力带为肢体提供支持力以减少运动的难度；在另外一些情况下，弹力带又可作为提供阻力的工具，使一些运动更具挑战性。弹力带不仅体积很小，还很轻便，使用方法也较为简单，几乎在任何地方都可以将其随身携带，只需很小的空间就可以进行弹力带辅助运动。

弹力带上有很多种不同的颜色标识，每一种颜色都代表着不同的阻力等级。大多数情况下，选择低度到中度的阻力等级即可。记住，绷紧弹力带不是我们的初衷，利用其加强训练阻力才是我们的目的。通常，弹力带的长度应至少在 1.8 米，这样才能有效减少锻炼过程中健身者被其打伤或受到其他损伤的概率。有一些弹力带设计有把手，没有的话，你也可以单独购买一对把手，这样就可以帮助你在训练过程中更轻易地抓牢弹力带。

对于弹力带的使用，有一些简单的规则需要稍加注意。如果发现弹力带有任何撕裂，请勿使用，否则运动过程中可能会打到你或你身边的某个人或某物。轻轻握住弹力带即可，避免将其多次缠绕在手或脚上，如果出现这种情况，则极有可能会在运动过程中拉动弹力带时，阻断你正常的循环练习。

在这里，我们简要介绍几种弹力带的正确使用方法。图 10.1 至图 10.5 显示的即是最常见的弹力带使用方法。

保持手指紧握以固定弹力带　　　　　小指贴紧弹力带

图 10.1　掌心向上，双手握住弹力带，允许弹力带两端有多余的长度从拇指处穿出。双手拇指合拢以固定弹力带，手指卷曲状指向手心，拉紧弹力带，小指着重用力

将弹力带像戴围巾
一样缠绕在脖子上

图 10.2　将弹力带像戴围巾一样缠绕在脖子上，交叉于身后，并将其于手臂和身体两侧拉出

为了使你不会感到背部不
适，保持弹力带处于打开
状态并尽可能地使其平坦

图 10.3　将弹力带从身后穿过，然后两只手从身体前方分别握住其两端

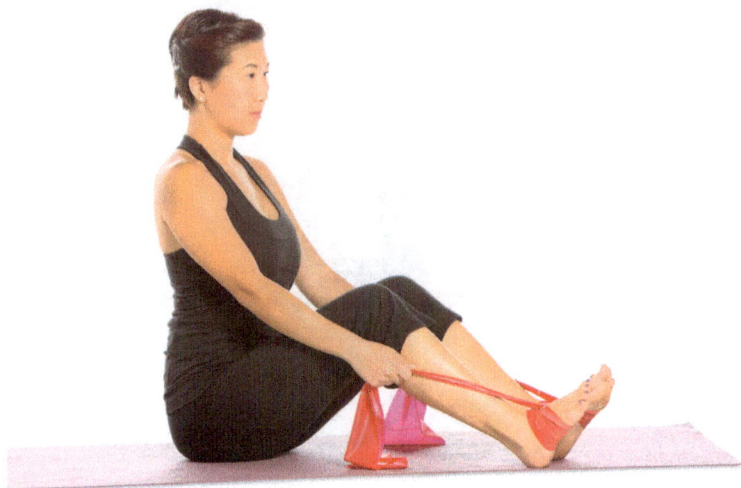

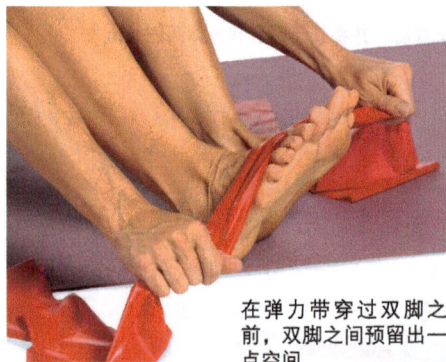

在弹力带穿过双脚之前，双脚之间预留出一点空间

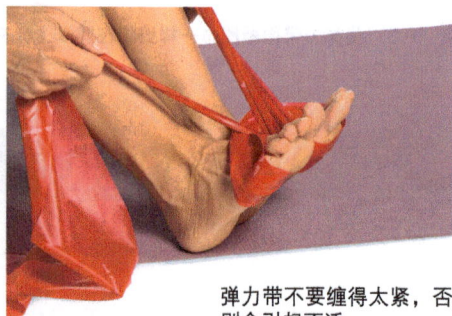

弹力带不要缠得太紧，否则会引起不适

图 10.4 将弹力带放在脚面上，其末端位于脚的外侧边缘。用弹力带从脚底部将其包裹，然后在双脚之间拉动弹力带，用两只手分别握住弹力带一端

　　经典款的弹力带在包装时，其上通常附着有粉末。如果你是过敏性皮肤或是对粉尘敏感，那么在使用此类弹力带时要稍加注意，可能需要先对皮肤进行测试，以确保不会引起过敏反应。

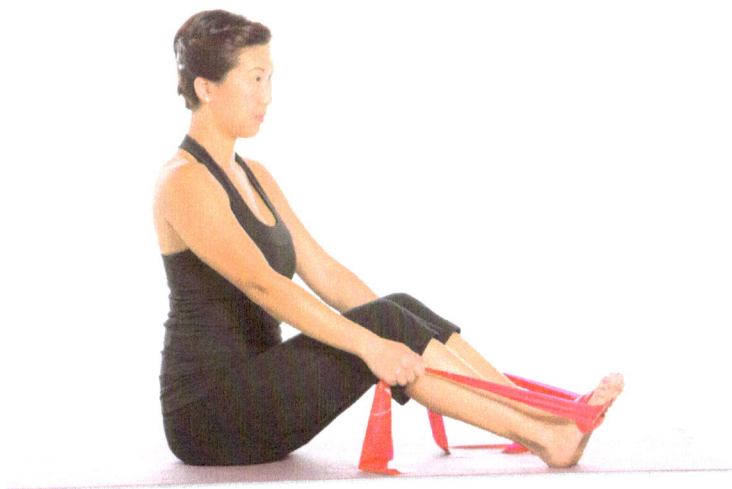

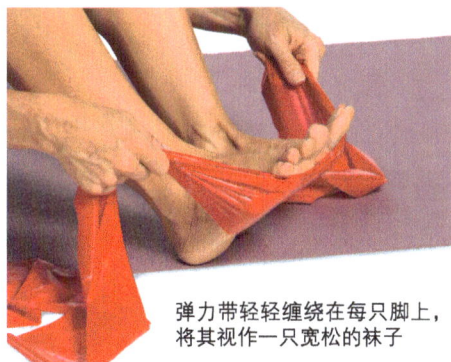

弹力带轻轻缠绕在每只脚上，
将其视作一只宽松的袜子

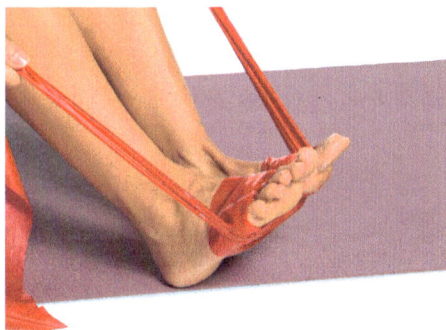

图 10.5 **将弹力带放置在双脚底部，其两端分别从两脚的外侧边缘朝向躯干方向拉。用弹力带将两只脚包绕，然后在双脚之间拉动弹力带，两只手分别握住弹力带一端**

确保在此过程中腕部姿势不会改变，始终将手腕保持在直立的位置。如果在拉扯弹力带时，手腕或较小的关节处原状态被改变，此时施与的压力可能会导致身体部位的疼痛或其他损伤。

站姿伸展运动

运动水平

◆初级水平健身者。

禁忌人群

◆手腕、肘部、膝盖、臀部或背部有明显痛感，有损伤或慢性疾病的人群。

目标部位

◆手臂和上身肌肉。

运动益处

◆改善上背部和胸部的柔韧性。

◆增加身体侧屈灵活性。

◆提高身体的平衡性和协调性。

侧拉伸

手臂上抬的同时肩膀下压

双眼平视正前方

1 采取改良后的普拉提的站姿（见第 12 页）。两手分别握住弹力带一端，并将手臂抬起超过头顶。

腰部侧弯时，保持手臂在同一条直线上

当身体侧拉时，感觉到双脚两侧似乎正压入地板

2 当身体向一侧弯曲时，手臂带动弹力带拉至正在伸展的躯体同一侧。

3 呼气，返回到起始姿势。吸气，将身体向另一侧弯曲，当从一侧移动到另一侧时，伸直双脚。用心体会，感觉身体似乎在两块玻璃之间。重复上述过程 4~6 次，两侧交替进行。

背部拉伸

保持弹力带有
一些紧张度，
体会拉伸感

手臂向前划动
时目光下垂

呼气时，体会
弹力带从背后
穿过的感觉

1 两手分别握住弹力带一端，并将其从上背部和手臂下方穿过。肘关节弯曲，深吸一口气。

2 呼气，两手臂伸直，弹力带绕过上背部，手臂前伸。

3 吸气，通过弯曲肘关节将上背部拉直，回到起始姿势。眼睛直视前方。重复上述过程 4~6 次。

胸部拉伸

将胸骨向天花
板方向上提

体会贯穿胸部以
及肩前的拉伸感

避免下背部拱起

1 两手分别握住弹力带一端，手臂自然下垂并将弹力带垂放于身后。为了加强拉伸，可将两手抓握间距缩短，感受弹力带上更多的张力。

2 呼气，挺胸并上抬身后的双臂。吸气，回到起始姿势。重复上述过程 4~8 次。

站姿侧弓步手臂组合运动

初级水平健身者

运动水平

◆初级向高级水平过渡的健身者。

禁忌人群

◆手腕、肘部、膝盖、臀部或背部有明显痛感，有损伤或慢性疾病的人群。

目标部位

◆手臂肌肉、下肢肌肉、臀部和核心肌肉。

运动益处

◆强化上肢肌肉。

◆强化下肢肌肉。

◆提高身体的平衡性和协调性。

1 面向前方取站立位，双脚平行放置且使坐骨下沉。将弹力带的一端放在左脚下，并预留一小部分在那只脚的一边。右手握住弹力带的另一端，划过腰部，右肘抬高到肩部下方，保持起始姿势。吸气以做准备。

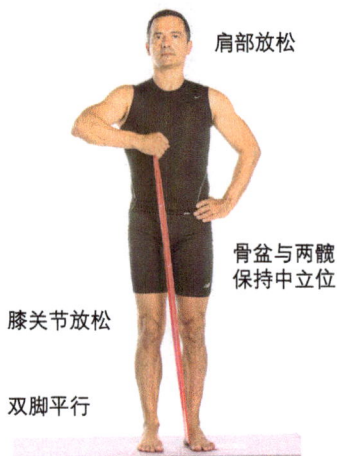

肩部放松

骨盆与两髋保持中立位

膝关节放松

双脚平行

上抬时保持肩部稳定

缓慢拉动弹力带

绷紧核心肌肉以给上身和下肢提供支撑

肩部和上臂运动时保持弹力带的张力

2 呼气，右脚稍向右侧前方弓步跨出。前跨的同时，将弹力带拉向身体的右侧，保持肘关节弯曲，像是一个划船的动作。未拉弹力带的那只手放在同侧髋部，肘关节向外突出。眼睛直视前方。

3 吸气，将手臂放回至身体前面的起始位置，且右脚也回到与髋平行的位置。在此过程中，试图对抗弹力带回到起始位置的力量。保持上身平直，肩部远离耳朵。重复上述过程 8~10 次。

中级水平健身者

握弹力带的手
将弹力带轻轻
下放，并带动
肩部下压

腕部保持平直
且稳定

仅将手握弹力带
一端的手臂上抬
至比肩略高

当手臂从躯干前
方和肩前穿过时，
保持手臂始终处
于伸直状态

1 下肢的起始姿势与初级水平健身者相同。通过上图中的动作，移动手臂使其保持平直。吸气以做准备。

2 呼气时，右腿稍向一侧弓步跨出，手臂直线式穿过身体前方并向外侧抬起。

3 吸气时，将手臂缓慢放回起始位置。下压双肩使其远离双耳。移动手臂时肌肉始终保持绷紧状态。重复上述过程 8~10 次。

高级水平健身者

保持双眼直视
前方

上提胸骨以保持
挺胸抬头姿势，
锁骨尽量伸展

单脚着地，控
制身体平衡

在右腿侧跨时体
会身体的上拉

吸气，集中精
神于维持保持
站姿的那条腿
的平衡

1 从初级水平健身者版本的起始姿势开始，呼气，上抬右膝与髋同高。

2 右腿稍向一侧弓步跨出，手臂动作可以采取初级或中级水平健身动作版本。每一侧重复上述过程 8~10 次。

站姿前弓步手臂组合运动

双上肢肱二头肌系列

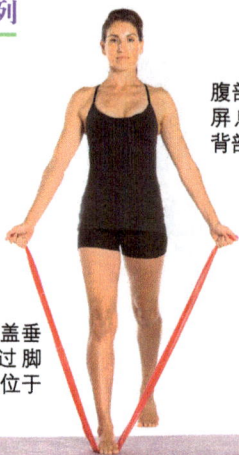

运动水平

◆初级向中级水平过渡的健身者。

禁忌人群

◆手腕、肘部、膝盖、臀部或背部有明显疼痛感，有损伤或慢性疾病的人群。

目标部位

◆上肢、下肢、臀部和核心部位的"肌肉"。

运动益处

◆强化上肢肌肉。

◆强化下肢肌肉。

◆增加身体的平衡性和协调性。

腹部肌肉向内收缩，屏息保持，支撑下背部

向前屈膝，膝盖垂直位置略越过脚踝，膝盖后部位于髋部正下方

1 将弹力带放在面前的地板上，一只脚用力踩在弹力带中段位置。两只手分别抓住弹力带两端，然后另一只腿向后弓步跨出。前腿稍做弯曲，使膝关节在脚踝正上方，同时后腿膝关节弯曲使其在髋部正下方。手臂从肩膀自然下垂。吸气以做准备。

运动时速度缓慢且注意力量的控制

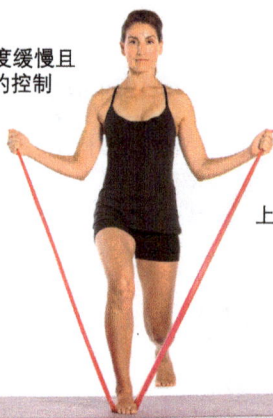

上下移动躯干

2 呼气，把弹力带的两端拉向天花板方向，膝关节进一步屈曲时，两臂肱二头肌收缩。可以通过更近或更远地抓握弹力带两端以调整弹力带的张力。

3 吸气，将弹力带和双腿回复至起始位置。在此过程中，试图对抗弹力带回复的力量。重复上述过程8~10次。

双上肢肱三头肌系列

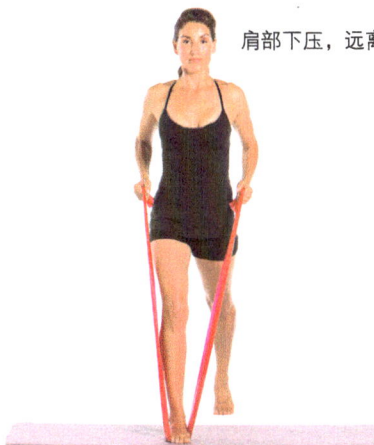

肩部下压，远离双耳

4 从双上肢肱二头肌系列运动的起始位置开始，吸气，双上肢肘关节屈曲，在身后向天花板方向上抬肘部。如需加强或降低运动的难度系数，可以通过更近或更远地抓握弹力带两端以对弹力带的张力进行调整。

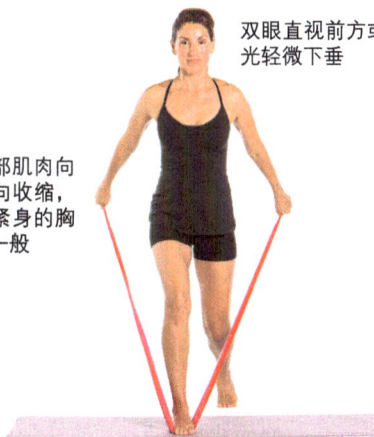

双眼直视前方或目光轻微下垂

感觉腹部肌肉向脊柱方向收缩，好像被紧身的胸衣束缚一般

5 呼气，向后伸直双臂，伸展肱三头肌，与此同时，膝关节进一步屈曲下沉。

6 吸气，双上肢返回到起始位置。重复上述过程8~10次。

坐姿脊柱扭转

运动水平

◆初级水平健身者。

禁忌人群

◆手腕、肘部或肩部有明显疼痛感，有损伤或慢性疾病的人群。

目标部位

◆上肢、核心部位和上半身的肌肉。

运动益处

◆强化腹部肌肉。

◆强化上肢肌肉。

◆提高机体的协调性和控制力。

背部挺直，好像正抵靠在墙上一般

不要把弹力带拉得太紧

1 弹力带缠绕肩背部（如第163页图10.2所示），两手分别握住弹力带一端。确保弹力带足够宽松，这样才可以保证顺着弹力带向远离躯干的方向延伸手臂。手臂弯曲且与腕部呈90度角，掌心向上。吸气，以做准备。

扭转身体时胸骨上提，为腰部、脊柱和躯干提供更多的空间

脊椎部位始终挺直。将躯干转向一边时，可以体会到脊柱的螺旋运动

2 呼气，躯干扭转到一边，并伸直手臂，将弹力带拉离躯干。脊柱继续保持挺直拉伸，抬头压肩，肩部下沉于肋骨上方，而肋骨则位于髋骨正上方。

3 吸气，回到起始位置。肘部向后微曲，向躯干方向靠近。

4 呼气，将躯干扭转到另一边，手臂伸直。重复上述过程4~6次，两侧交替进行。

仰卧位单腿伸展

肩部下压，远离双耳

头部尽量抬高，颈部处于无压力状态

双眼看向两腿的大腿中间位置

1 背部平躺。根据第 6 章（第 58~59 页）的指导，选择最能满足你需求的仰卧位。将弹力带缠绕在脚下，两端从脚部内侧绕出。两手分别握住弹力带一端，双臂伸向膝关节的两边。膝盖抬至髋部正上方的仰卧屈膝位。将头部和上身抬离地面。吸气，以做准备。

上肢保持稳定

肩部和上半身放松，保持舒适状态

体会腿部推压和拉伸感

腹部收缩，向垫子方向下压

2 呼气，将一条腿向前上方伸直至与地板平面呈 45 度角，另一条腿停留在仰卧屈膝位。切换双腿时继续呼气。

3 吸气，再交替伸腿两次。重复上述过程 5~8 次。

运动水平

◆初级向中级水平过渡的健身者。

禁忌人群

◆手腕，肘部，膝盖，髋部或背部有明显疼痛感，有受损或慢性疾病的人群。

目标部位

◆上肢、下肢、核心部位和上半身的肌肉。

运动益处

◆强化腹部和上肢肌肉。

◆提高下肢协调性。

◆提高机体的协调性和控制力。

仰卧位直腿交替伸展

运动水平

◆初级向中级水平过渡的健身者。

禁忌人群

◆手腕、肘部、膝盖、髋部或背部有明显疼痛感，有损伤或慢性疾病的人群。

目标部位

◆上肢、下肢、核心和上半身的肌肉。

运动益处

◆强化腹部和上肢肌肉。

◆提高下肢协调性。

◆提高机体的协调性和控制力。

◆改善下肢的柔韧性。

头部尽量抬高，颈部处于无压力状态

肩部下压，远离双耳

双眼看向两腿的大腿中间位置

1 背部着地，平躺在垫子上。根据第6章（第58~59页）的指导，选择最能满足你需求的仰卧位。将弹力带缠绕在脚下，脚部外侧的两端。保持弹力带在双脚之间有一定的松弛度，以预防腿部的松动。双腿伸直，一条腿向前上方伸直至与地板平面呈45度角，另一条腿刚好在髋部正上方。两手分别握住弹力带一端，双臂平放在身体两侧，置于垫子上方。膝盖抬至髋部正上方，向上伸直。将头部和上身抬离地面。吸气以做准备。

上肢伸直并保持稳定

肩部及上半身放松

将腹部肌肉向下收缩，向垫子方向用力，以支撑背部

2 呼气，重复两次"剪刀腿"动作（放下一条腿，抬起另一只腿），保持双腿伸直。在这个过程中，手臂在垫子上方向外伸，这样可利用弹力带的张力辅助加强上肢力量。

3 吸气，再转动双腿两次。重复上述过程5~8次。

仰卧位双腿伸展

头部抬至足够高，颈部处于无压力状态

肩部下压，远离双耳

收缩腹部，朝脊柱下压

1 背部着地，平躺在垫子上。根据第 6 章（第 58~59 页）的指导，选择最能满足你需求的仰卧位。将弹力带缠绕在双脚下方，从脚部外侧的两端拉出。两手分别握住弹力带一端，肘关节屈曲，上臂悬在垫子上方。提拉弹力带，其上会有轻微的张力，但可以通过上肢的牵拉加强弹力带的张力。弯曲双腿，将其抬起，使其位于髋部正上方，到达仰卧屈膝位。同时，头部和上身抬离地面。

手臂伸出的同时将肩部放下

腹部肌肉向下收缩，压向垫子以支撑背部

头部保持不动，目光始终正视前方

2 吸气，双腿从垫子正上方上抬至与地面呈 45 度角，将手臂伸直靠近双耳上举过头部。

3 呼气，返回到起始位置。用力呼气帮助带动腹部。重复上述过程 5~8 次。

运动水平

◆初级向中级水平过渡的健身者。

禁忌人群

◆手腕、肘部、膝盖、髋部或背部有明显疼痛感，有受损或慢性疾病的人群。

目标部位

◆上肢、下肢、核心部位和上半身的肌肉。

运动益处

◆强化腹部和上肢肌肉。

◆提高下肢协调性。

◆提高机体的协调性和控制力。

仰卧位钻石式蹬腿运动

运动水平
◆中级水平健身者。

禁忌人群
◆手腕、肘部、膝盖、髋部或背部有明显痛感，有损伤或慢性疾病的人群。

目标部位
◆上肢、下肢、核心部位和上半身的肌肉。

运动益处
◆强化腹部肌肉。
◆提高下肢协调性。
◆强化上肢肌肉。
◆提高躯体运动的协调性和控制力。

肩部下压，逐渐远离双耳

头部始终保持舒适位，防止下背部或颈部受到太大压力

双臂部始终压在垫子上

1 背部着地，平躺在垫子上。根据第6章（第58~59页）的指导，选择最能满足你需求的仰卧位。将弹力带缠绕在脚下，脚部外侧的两端。双手握住弹力带另一端，屈肘贴在垫子上，双腿弯曲，膝盖向两侧打开，并在髋部的正上方。吸气，以做准备。

想象着，在慢慢伸直双腿的时候，有一条拉链从脚后跟到耻骨附近也被渐渐锁起、拉直

向下压肩，逐渐远离双耳。整个运动过程中，头部保持不动，眼睛始终看向头部前方

腹部肌肉向下向内收缩，压向垫子以支撑后背

双臂部始终压在垫子上

2 呼气，双腿伸直上抬，与垫子呈45度角，双腿的大腿内侧靠拢，同时，保持脚趾头向两侧外翻伸展。

3 吸气，回到初始位置，重复上述动作5~8次。

仰卧位翻卷

向下压肩，肩部远离双耳。头部和颈部伸直拉长，且始终压向垫子

胸腔扩展，臀部牢牢扣在垫子上，双手平放下压，上背部尽量压平

运动水平

◆ 中级水平健身者。

禁忌人群

◆ 手腕部、肘部、膝盖部位，髋部或臀部有明显疼痛感，有损伤或是慢性疾病的人群。

目标部位

◆ 手臂、双腿、核心部位和上半身的肌肉。

运动益处

◆ 强化腹部肌肉和手臂肌肉。

◆ 改善上背部的柔韧性。

◆ 提高身体的协调性和控制力。

1 背部着地，平躺在垫子上，如第164页的图10.4所示范的那样，将弹力带缠绕在双脚上，双臂伸直平放在身体两侧，用力按压弹力带，所以可能会觉得稍微有点紧绷，但当向后翻卷的时候，可能还会觉得更紧。增加或减少这种紧绷感，可以通过双手握住弹力带的位置进行调节，双腿并拢伸直，上抬至髋部正上方，脚趾向前伸直。吸气以做准备。

整个运动过程中，腹部肌肉始终向内收缩

手掌用力向下按压，以帮助稳定髋部

向后翻的时候，脖子尽量保持不动

2 呼气，双手向下按压垫子，脊柱向后用力翻卷，髋部上抬到垂直位，直至双腿越过头顶，伸直且平行于垫子。

运动过程中，弹力带始终绑在双脚上

双腿与地面保持平行

腹部肌肉拉紧内收，两腿分开

整个向后翻卷的动作中，头部和颈部始终保持伸直，平放在垫子上

3 吸气，双脚分开，大约与髋部同宽，双脚背屈（即勾脚）。

4 呼气，身体慢慢向下回落，脊柱慢慢放下，直到双腿回到髋部正上方，即初始位置。

5 吸气，慢慢地将双腿再次并拢，脚尖向身体前方伸直。重复上述动作4~6次，然后反向重复。反向做上述动作，从第4步开始保持双腿分开。吸气，脚尖向身体前方伸直。呼气，脊柱慢慢向下回落，直到它们平行于地面，回到垫子上。吸气，双腿再次并拢，双脚背屈（即勾脚）。呼气，脊柱向上翻卷，双腿上抬伸直至髋部上方。重复以上动作4~6次。

仰卧位折叠刀式翻卷

运动水平

◆中级向高级水平过渡的健身者。

禁忌人群

◆手腕部位、肘部、双膝、髋部或背部有明显的疼痛感，有损伤或慢性疾病的人群。

目标部位

◆手臂、腿部、核心部位和上半身的肌肉。

运动益处

◆强化腹部肌肉和手臂肌肉。

◆改善上背部的柔韧性。

◆提高身体的协调性和控制力。

◆提高肩部的稳定性。

向下压肩，肩部远离双耳。头部和颈部始终保持伸直拉长，向下压向垫子

1 背部着地，平躺在垫子上，将弹力带缠绕在双脚上，从脚部外侧绕出。双手手掌向下，弹力带的两端绕过大拇指根部，从双手的小手指两侧或上方绕出，按压在掌心下方。双臂始终伸直平放在身体两侧，用力按住弹力带，感受弹力带的紧绷状态，但当双腿向后翻卷时，可能会觉得弹力带逐渐被拉伸，越来越紧绷。双腿并拢伸直，向上举起至髋部以上位置。吸气以做准备。

双腿始终伸直，大腿内侧向内挤压

手掌向下按压，借助这股力量，双腿越过身体向上抬起

2 呼气，下肢向后翻卷，慢慢脱离垫子，双腿并拢上抬后翻，逐渐越过髋部和头部，直至与垫子保持平行。

双腿尽可能伸直拉长，脚尖指向天花板

腹部肌肉向内收缩，从而支撑腰椎

颈部和头部始终保持伸直拉长，平放在垫子上。保持胸腔扩展，锁骨向肩部两侧尽量展开

双腿上举时，保持胸腔扩展，颈部始终保持伸直

腹部肌肉向身体后上方收缩

3 吸气，在手臂和核心肌肉运动能力许可的情况下，双腿尽量向上抬起，手掌用力向下按压，借助手臂的力量向上抬起身体。

4 呼气，下肢轻缓小心地向后用力，每次落下一节脊柱骨，手掌向下按压，借助手臂的力量，帮助控制整个动作的节奏。

动作尽量轻缓平稳，从而保持核心部位的稳定性，控制好运动节奏

整个动作过程中，尽可能深呼吸，辅助促进运动，尤其是向后下方回落的时候

5 呼气，回到初始位置，双腿伸直上抬，位于髋部正上方，脊柱部位平放在垫子上，双手平直放在身体两侧的垫子上，弹力带两端按压在手掌下方，继续与双脚保持拉伸状态。

6 吸气，为下一组重复动作做好准备。上述动作重复进行 4~6 次，吸气，结束。

仰卧位控制平衡运动

运动水平
◆高级水平健身者。

禁忌人群
◆手腕部、肘部、膝盖部位、髋部或背部有明显的疼痛感，有损伤或慢性疾病的人群。

目标部位
◆手臂、腿部、核心部位和上背部的肌肉。

运动益处
◆强化腹部肌肉和手手臂肌肉。
◆改善上背部的柔韧性。
◆提高身体的协调性和控制能力。
◆提高肩部的稳定性。

向下压肩，肩部远离耳朵

头部和颈部区域应该尽量保持伸直拉长，向地板方向按压

1 背部着地，平躺在垫子上，将弹力带缠绕在双脚上，从双脚的外侧绕出，两脚之间留有一些空间，从而可以保证在拉伸弹力带时双腿可以慢慢分开。紧紧抓住弹力带，双臂始终伸直平放在身体两侧，双手握住弹力带时，可能会觉得稍微有点紧绷，而当双腿向后翻卷时，这种紧绷感还会越来越明显。双腿始终并拢伸直，上举至髋部正上方。吸气以做准备。

双腿并拢伸直，脚尖向身体前方伸直

腹肌尽量向内收缩，支撑腰椎

双臂向下按压，帮助双腿逐渐上抬，双腿越过身体

2 呼气，下肢向后翻卷，逐渐脱离垫子，双腿上抬越过髋部的垂直位，继而越过头部，直到其与垫子保持平行。

手臂向身下的垫子用力按压，从而帮助身体上抬

身体上抬的时候，胸腔始终保持扩展，颈部尽量伸直拉长

3 吸气，在手臂、核心肌肉力量和弹力带弹力范围许可的前提下，向后上抬一条腿，脚尖指向天花板，另一条腿固定不动，保持平衡，与地面保持平行。

从双脚到指尖，感受全身的拉伸

动作一定要轻缓，保证身体的平衡性和可控性

4 呼气，双腿交叉，悬在半空中相互交换位置。

5 吸气，双腿重新并拢，回到平行于地面的位置，向内收紧腹部肌肉，支撑下背部的稳定性，借助双臂拉伸完成动作。

头部和颈部始终保持伸直拉长，平放在垫子上

胸腔始终保持扩展，锁骨尽量向肩部两侧抻开

腹部肌肉向内收紧，以支撑腰椎部位

感受脊柱贴在垫子上，尽力拉伸

6 呼气，开始慢慢放下脊柱，双腿始终并拢伸直，结束呼气，回到初始位置，结束动作。双腿保持伸直上举至髋部正上方，脊柱紧贴垫子，平放在地板上，双臂自然平放在身体两侧的垫子上，双手握住弹力带的两端，从手掌到双脚，感受弹力带的拉伸。

俯卧位蹬腿运动

运动水平

◆初级向中级水平过渡的健身者。

禁忌人群

◆下背部、脚踝部或手腕部有明显的疼痛感，有损伤或慢性疾病的人群。

目标部位

◆腿部肌肉、臀部肌肉和背部肌肉。

运动益处

◆增加臀部肌肉力量。

◆增加腿部肌肉力量。

◆增加后背部肌肉力量。

◆提高身体的平衡性和协调性。

腹部肌肉向脊柱方向收缩，手臂始终保持伸直，双臂用力参与运动

没有缠绕弹力带的这只脚，脚背点地放在垫子上

1 把弹力带缠在一只脚上，开始时，弹力带的中段放在脚部上方，然后绕过脚底，从两侧绕出，这么做是为了防止弹力带在脚上打滑，影响到后面的动作。与缠住弹力带的那只脚同侧的手抓住弹力带的两端，四肢着地，屈膝，趴在垫子上，膝盖就在髋部的正下方，而手腕则放在肩部的正下方。弹力带放在握住它的那只手下方，吸气，缠了弹力带的那只脚抬起，保持屈膝，膝盖放在弯曲那只脚的髋部正下方，跪在垫子上。

感受缠了弹力带的那条腿向髋部方向收缩伸长

缠带子的这只脚背屈（即勾脚），脚跟后蹬达到拉伸

2 呼气，伸直缠有弹力带的那条腿，单腿向后蹬，拉伸弹力带，保持后蹬的那条腿在垫子上方且比髋部稍低的位置绷直。如果觉得绷得太紧的话，可以稍稍放松弹力带。

腿部后方保持收缩，髋部始
终平行于地板

腹部肌肉向身体后
上方收缩

3 吸气，尽可能举高伸直的那条腿，同时不改变脊柱或躯干
部位的姿势。

动作平缓，保持可控性

4 呼气，慢慢放下后蹬伸直缠着弹力带的那条腿，落到髋部
高度以下。

向下压肩，肩部
远离耳朵

动作轻缓，尽量保持可控

上臂部用力
参与运动

5 吸气，屈膝，回到初始位置。重复上述运动 6~10 次，双腿
交换，另一条腿也重复以上动作 6~10 次。

俯卧位天鹅式胸部伸展组合运动

运动水平
◆中级水平健身者。

禁忌人群
◆下背部、肩部、肘部或腕部有明显疼痛感，有损伤或是慢性疾病的人群。

目标部位
◆腘绳肌，上背部肌肉，手臂肌肉和肩部肌肉。

运动益处
◆强化腘绳肌、背伸肌和臀部肌内。
◆强化手臂肌肉。
◆使腹部肌肉和胸部肌肉得到拉伸。
◆提高肩部的稳定性和肌肉力量。
◆提高背部伸展能力。

臀部轻轻地向耻骨方向挤压，趴在垫子上，尽可能拉长腰椎

肩胛骨向身体两侧伸展，肩部远离耳朵，向下背部移动

腹部肌肉向内收缩，肚脐向脊柱方向回收

1 腹部着地，双臂向身体两侧外展，双肘微曲，趴在垫子上。放在垫子上的双手位于肩头两侧。把弹力带放置在胸部和颈部的下方，然后绕过手指，握在手掌下方。前额抵在垫子上，大腿内侧分开约坐骨间距大小的距离，双腿收紧用力，腹部向脊柱方向收缩，脱离垫子。

臀部轻轻地向耻骨方向收缩，用以保护腰椎

眼睛直视前方，保持颈部与躯干部位始终齐平

胸骨上抬，胸腔扩展

2 吸气，双手向下用力按压，手臂伸直，从而抬起上半身，在不压迫腰椎的前提下，尽可能高地抬起头部和胸部。

感受腹部肌肉向后上方收缩，以支撑下背部

手臂向上越过头顶的时候，向下压肩，肩部逐渐远离耳朵

3 呼气，慢慢将上半身放回到垫子上，双臂向前伸直，越过头顶，同时，双手抓住弹力带前伸。

在腰椎部位所能承受
的舒适范围内，身体
尽可能高地上抬

手臂尽可能保持伸直

4 吸气，上半身慢慢上抬，双臂绕过头顶，在身体上方画一个弧线，把弹力带拿到身体后方。弹力带需要保持充分的张弛度，这样手臂在做弧线运动的时候，肩胛骨和肩部都会觉得很舒适，且动作流畅。

臀部稍微向内收紧，从而保
护腰椎部位

躯干部位尽量拉伸

5 呼气，手臂从身体后方向上举起，越过头部做弧线运动，落回垫子上，重新放在身体前方，与此同时，上半身也跟着慢慢落回到垫子上。

头部和脚部向相反的方向拉伸

向下压肩，肩部逐渐远离耳朵

躯干部位尽量拉伸

6 吸气，屈肘，双手握着弹力带，将其拉回到肩部两侧，呼气，调整初始位置，准备做下一组重复运动。从第2步开始，重复以上动作4~6次。

侧卧位系列运动

腿部上抬

运动水平
◆初级向中级水平过渡的健身者。

禁忌人群
◆髋关节外侧区域（大转子）比较敏感的人群。
◆髋部、肩部、颈部、腕部或腿部有明显痛感，有损伤或是慢性疾病的人群。

目标部位
◆外旋肌、大腿内侧肌肉和外侧肌肉。

运动益处
◆提高髋部、骨盆部位和躯干部位的控制力和稳定性。
◆强化髋部、臀部和大腿外侧肌肉。

完成身体一侧的全部系列动作之后交换到另一侧，另一条腿重复上面的所有动作。

感受腰部从垫子上逐渐拉伸起来，肋骨之间也在逐渐分离

双脚呈自然背屈状态，就好像直立站在地上那样

1 弹力带缠在身体上侧的那只脚上，两端沿着脚的两侧绕出。当侧身躺下时，身体上方的那只手握住弹力带的两端，背部保持挺直拉长，躯干部位沿着垫子后边缘呈直线。髋部微微弯曲，使得双腿稍微向身体前方位移。双腿伸直，叠放在一起，脚趾向前，头部枕在右手手臂上，掌心向下或向上。如果你愿意，也可以稍微屈曲右手的手肘，从而让头部更加舒适，身体上侧的手臂屈肘，左手放在身体前方作为支撑，握住弹力带确保后续动作稳步进行。

动作细微的调整

身体下侧的那条腿屈膝，从而缓解下侧那条腿的大腿外侧和大转子区域的部分压力，这个细微的调整可以用于任何侧卧式训练。

躯干部位始终保持一条直线

身体下侧的那条腿屈膝在髋部的正前方

用下面的手撑起头部，下侧肋骨轻轻地从垫子上抬起，如果觉得颈部或是肩部有压力或是有紧绷感的话，可以回到初始位置，或是采用更温和一些的调整位。

想象着自己的上半身正被夹在两片平行的玻璃之间的那种感觉

身体应该感觉绷直拉长，就像一块板

髋部弯曲，腰部不动

在上面的那条腿上抬的时候，感受其逐渐拉长伸出

身体下侧的那条腿收紧，从而帮助平衡身体

2 吸气，上抬身体上侧的那条腿，逐渐与下侧那条腿分开，抬至与髋同高的位置，或者再稍微高一些。

3 呼气，放下抬起的那条腿，叠放在下面那条腿上休息，抬腿或放下腿的过程中，始终保持躯干部位伸直拉长。要保持双腿强壮有力，这条腿重复以上动作 8~10 次，然后开始做屈膝压腿。

屈膝压腿

腰部保持挺直，屈膝的时候，向后收紧

膝盖和腿部抬至与髋同高的位置

4 吸气，屈曲身体上侧的膝盖，尽可能屈曲至髋部的水平位置。

5 呼气，上面的那条腿伸直，悬放在下面那条腿的上方。重复以上动作 8~10 次，然后开始做这一侧的单腿绕环运动。

单腿绕环

6 吸气，将上侧的腿（左腿）向前抬起，在身体前方做弧线运动，画一个半圆轨迹。

7 呼气，放下左腿，回到原来的位置，然后在身体后方做弧线运动，画一个半圆轨迹，圆圈不用太大，约餐盘大小即可，动作尽量稳。肩部、躯干部位和髋部始终保持齐平，上侧的部分叠放在下侧部分上。重复以上动作 8~10 次，向前画圈圈。然后交换方向，向后画圈圈，再重复运动 8~10 次，然后开始做侧卧踢腿运动。

踢腿运动

上面的手控制整个
动作的节奏，以及
身体的稳定性

向前踢腿时，腰背挺直

8 吸气两次，上面的那条腿尽可能远地向前踢腿，弹动两次，与此同时，不改变腰部和躯干部位的姿势。

向后踢腿的时候，上半身尽
量不要向前产生太多位移

9 调整呼吸，向后踢腿，重复从第 8 步开始到最后的动作 5~7 次。把弹力带绑到另一条腿上，重复整个系列动作，从单腿上抬开始。

第 11 章

普拉提健身方案

　　本章介绍的普拉提健身方案主要是对第 2 章到第 10 章中介绍的各个单项运动进行混搭组合，你可以根据自己制定的健身目标，自由组合这些单项运动，整理出一个适合自己的运动方案。这些健身方案的运动时长为 10~40 分钟，也可以更长，这个取决于你的运动目标和当前的技术水平，你可以量身定做，给自己制定一套满足个人需求的健身方案。每一套健身方案都有指出适合的人群的技能水平，所以，你可以据此选择一个或一系列适合你的健身方案。

大部分方案都是从初始站姿开始的，我之所以选择这个姿势，是因为对于大多数健身者而言，这是最简单、最容易做到的，而且这个姿势也能使身体所承受的压力达到最小（有关节问题或是柔韧性较差的人，坐在垫子上或躺在垫子上，对他们会比较困难）。对于那些刚开始唤醒肌体运动意识的人，站姿也是相对较容易的动作，如果需要的话，他们还可以从镜子里看看自己的姿势是否标准。

这些运动方案只是普拉提运动中的一个系列或是一个流程，它们能够帮助你在持续运动中，调整正确的呼吸方法。标准的普拉提运动中，也包含着这个节奏，只有这样，动作才能流畅、优雅，不管哪种运动模式都会有明显的健身效果。用这种方式完成动作的时候，对关节的压力会更小，而且还能够提供最有效的移动身体的方法。

前4种普拉提健身方案（见第191~197页）主要针对的是身体的拉伸、放松和舒展，集中关注髋部、腿部、肩部和下背部，这些身体部位都更容易承受压力，从使全身运动的整体范围减少，柔韧性也大大降低。这些运动方案都是针对初学者的，不过对于经验丰富的普拉提健身运动者来说，也是一个非常好的热身项目。

好的姿势可以让你感觉更舒适，看上去也更好，而不良的姿势更容易导致很多常见的疾病，如背部疼痛和颈部疼痛等。姿势是日常运动力学的一个最基本的要素，在一般的运动疗法中，这也是开始运动的一个惯用的起点。接下来3种方案（见第198~204页）集中关注的是运用关键的肌肉来维持身体的姿态，这些方案能够帮助你更好地完成各个动作，同时，纠正常见的不良姿势诱因。你可以把它们纳入到日常锻炼方案中，可以单独做某一套锻炼，也可以与其他运动方案相结合，制定一个长期且更完善的运动方案。

如果你致力于制定一个快速集中或针对减重、减脂的运动方案，那么不妨试试接下来的2种普拉提健身方案（见第205~210页），它们能够让你在运动过程中更加活力四射，精力充沛。短短的10~20分钟，它们就能够给你带来更多的运动活力和爆发力，帮助你减重并且塑造更多细长型肌肉。这些训练的秘诀就是"速度"，你必须在不停歇的情况下快速运动，提高心肺功能，从而能够完成任何一项高强度的运动。

接下来的4种健身方案（见第211~217页）运用的是传统的普拉提动作和器械，如健身球、普拉提环和弹力带，从而给核心肌肉群的塑造、机体协调性、灵活性和力量训练都带来了全新的挑战。对于那些中级水平向高级水平过渡的健身者，这些运动毋庸置疑组成了强大有效的健身方案。

最后的4种健身方案（见第218~228页）结合了高级水平的训练项目，动作节奏要更快，动作与动作之间不间歇，这些都是难度非常高的运动项目。从集中强化全身运动能力的全身训练方案开始，到3种针对身体特定区域的运动方案，这些练习动作难度很高，即使对最熟练的普拉提学员而言也是极大的挑战。

柔韧性训练方案

　　这一部分囊括的运动项目对打开钝涩紧张的身体部位是大有裨益的，这其实是一套改善全身柔韧性的训练，同时对其他难度更大的健身项目也起到了非常好的热身作用。良好的身体柔韧性能够帮助你增加全身的活动范围，最终做出好看的普拉提动作。每天坚持做这套动作，可以帮助修复身体的柔韧性，增加运动范围，同时还能慢慢地缓解身体部分紧张区域。

运动水平：初级水平健身者

运动时长：10~15 分钟

肩部热身，13 页　　　　耸肩运动，24 页　　　　手臂伸展，16 页　　　　腿部伸展，18 页

骨盆时钟，20 页　　　　向下卷动，22 页　　　　仰卧卷起，66 页　　　　双臂外旋，27 页

猫牛式，30 页　　　　跪姿摆臀，31 页　　　　胸骨下垂，32 页　　　　婴儿式，26 页

（续）

柔韧性训练方案

（续）

风车式，38 页

股四头肌伸展，49 页

天鹅下潜，54 页

滚球式，97 页

骨盆卷动，62 页

足部系列动作，94 页

脊柱拉伸：前伸和侧向拉伸，90 页

锯式，102 页

海豹式，104 页

活力清晨训练方案

早上抽一段时间做这套动作，能够帮助激发身体活力，奇迹般地提高能量水平。这套运动方案能够在短短的 10 分钟内，激发出大量的潜能。虽然标题意指激活上午的运动潜能，但实际上，这套动作在全天的任何时候做，都能够激发身体的运动潜能。做好训练项中的全部动作，精确、有针对性地从一个动作到另一个动作，尽量不停歇地、有条不紊地完成每一个动作。

运动水平：初级水平健身者

运动时长：10 分钟

调整普拉提初始站姿，
12 页

提踵深蹲，14 页

肩部热身，13 页

耸肩运动，24 页

骨盆时钟，20 页

向下卷动，22 页

仰卧卷起，66 页

猫牛式，30 页

跪姿摆臀，31 页

胸骨下垂，32 页

足部系列动作，94 页

滚球式，97 页

（续）

活力清晨训练方案

（续）

骨盆卷动，62 页

仰卧卷起，66 页

反向卷腹，78 页

一百次，64 页

风车式（右侧），
38 页

泳式（左侧），
51 页

风车式（左侧），
38 页

天鹅下潜，54 页

婴儿式，26 页

美人鱼式，92 页

海豹式，104 页

俯卧撑，55 页

轻松午后训练方案

这些动作对于调整身体进入休息状态，晚上进行身体机能修复而言，是一种非常好的方式。此外，在任何一项运动之前，你都可以将它们作为热身运动，轻缓可控地完成动作，有条不紊地从一个动作过渡到下一个动作。如果你正准备做完这套动作就休息，注意控制自己的身体，慢慢地使心率降低。

运动水平：初级水平健身者

运动时长：10 分钟

猫牛式，30 页　　　　反向伸展，48 页　　　　天鹅下潜，54 页　　　　婴儿式，26 页

美人鱼式，92 页　　　　脊柱拉伸：前伸和侧向拉伸，90 页　　　　骨盆卷动，62 页

缓解压力训练方案

　　每天进行压力释放对全面的身体健康和心情愉悦是非常重要的。每天花几分钟时间活动一下关节，锻炼身体某些特定部位，或者拉伸肌肉，都有助于缓解压力，让身体和思维都渐渐平静下来。这套运动方案可以日常进行，也可以当作其他运动项目或是活动的热身。

运动水平：初级水平健身者

运动时长：15~20 分钟

提踵深蹲，14 页　　　　肩部热身，13 页　　　　耸肩运动，24 页　　　　手臂伸展，16 页

腿部伸展，18 页　　　　骨盆时钟，20 页　　　　向下卷动，22 页　　　　仰卧卷起，66 页

双臂外旋，27 页　　　　猫牛式，30 页　　　　胸骨下垂，32 页　　　　风车式，38 页

（续）

缓解压力训练方案

（续）

股四头肌伸展，49 页　　反向伸展，48 页　　仰卧卷起，66 页　　反向卷腹，78 页

一百次，64 页　　骨盆卷动，62 页　　脊柱拉伸：前伸和侧向拉伸，90 页　　足部系列动作，94 页

脊柱扭转，100 页　　美人鱼式，92 页　　海豹式，104 页

下背部训练方案

这套动作主要针对的是核心部位的加强，特别是下背部。如果你的下背部比较弱的话，常常会引起背部疼痛，能做的动作有限，并且动作也不能做得很标准，还会导致肌肉发展不均衡，以及其他潜在问题和疼痛。一个强健的下背部，能够挑战更多高难度动作，你也能站得更直、更挺。这套动作可以用于一些运动项目之前的热身，也可以单独作为热身运动或强化下背部的运动项目。下背部强健了，才能拥有更好的体态和更强壮的身体。

运动水平：初级水平健身者

运动时长：15~20 分钟

调整普拉提初始站姿，12 页

提踵深蹲，14 页

骨盆时钟，20 页

向下卷动，22 页

仰卧卷起，66 页

斜向收缩，28 页

跪姿摆臀，31 页

猫牛式，30 页

跪姿侧向踢，33 页

股四头肌伸展，49 页

（续）

下背部训练方案

（续）

泳式，51 页

俯卧单腿后踢，50 页

双腿后踢，52 页

婴儿式，26 页

美人鱼式，92 页

滚球式，97 页

骨盆卷动，62 页

肩桥，76 页

单腿伸展，68 页

双腿伸展，70 页

十字交叉扭转式，73 页

脊柱拉伸：前伸和侧向拉伸，90 页

核心部位基础训练方案

这套动作主要针对整个核心部位的强化，从头到脚，从前向后。稳固扎实的核心部位是强健体魄的关键，它能让你很轻松地做出完美到位的动作，保持正确的姿势。而那些核心部位相对较弱的人，一般不大能够仅凭自己做出正确的动作。加强整个核心部位，能够在不压迫关节的前提下，对肌肉和骨骼起到一个巩固作用，拓展其运动能力。每天做这套动作，可以加强核心部位的运动能力，也可以结合其他运动方案一起锻炼。

运动水平：初级向中级水平过渡的健身者

运动时长：15~20 分钟

骨盆时钟，20 页

向下卷动，22 页

仰卧卷起，66 页

一百次，64 页

滚球式，97 页

单腿伸展，68 页

双腿伸展，70 页

直腿交替伸展，71 页

双腿直伸展，72 页

十字交叉扭转式，73 页

骨盆卷动，62 页

脊柱拉伸：前伸和侧向拉伸，90 页

（续）

核心部位基础训练方案

（续）

脊柱扭转，100 页

美人鱼式，92 页

反向伸展，48 页

股四头肌伸展，49 页

俯卧单腿后踢，50 页

天鹅下潜，54 页

泳式，51 页

婴儿式，26 页

风车式，38 页

侧卧抬腿，39 页

侧卧前踢，41 页

海豹式，104 页

俯卧撑，55 页

纠正体态训练方案

　　刚开始锻炼的时候，每个动作最大限度地拉伸，要保持这个姿势可能会非常困难，人们在运动时，往往会用力过猛，坐姿不太准确，站姿也不太准确，动作很不到位。错误的动作可能会导致局部疼痛或变得虚弱，纠正这些问题非常困难。只要你需要，这套动作可以每天正常进行，也可以每周做一次。它比较具有挑战性，但很可行，理想状态是每隔一天做一次。

运动水平：初级向中级水平过渡的健身者

运动时长：15~20 分钟

调整普拉提初始站姿，
12 页

提踵深蹲，14 页

肩部热身，13 页

向下卷动，22 页

仰卧卷起，66 页

斜向收缩，28 页

双臂外旋，27 页

猫牛式，30 页

胸骨下垂，32 页

风车式，38 页

侧卧抬腿，39 页

侧卧单腿画圈，40 页

（续）

纠正体态训练方案

（续）

侧卧前踢，41 页

侧卧点地，42 页

侧卧单腿蹬车，44 页

俯卧单腿后踢，50 页

双腿后踢，52 页

天鹅下潜，54 页

泳式，51 页

一百次，64 页

仰卧卷起，66 页

反向卷腹，78 页

单腿画圈，60 页

滚球式，97 页

（续）

纠正体态训练方案

（续）

单腿伸展，68 页

双腿伸展，70 页

直腿交替伸展，71 页

双腿直伸展，72 页

十字交叉扭转式，73 页

肩桥，76 页

足部系列动作，94 页

美人鱼式，92 页

减脂训练方案

这套动作重点在于燃烧热量，帮助你减脂减重。想要燃烧热量，你的每一个动作必须要干脆利落。如果身体素质允许的话，可以直接从一个动作过渡到下一个，不要做任何休息。但这并不意味着动作一味求快，重点在于在快速运动的前提下，保证动作的准确度、可控性和针对性，并且能够不停歇地从一个动作向另一个动作过渡，或者说不休息。专注运动的形式和质量，比只专注速度和数量的健身效果更显著。

运动水平：初级向中级水平过渡的健身者

运动时长：30~45 分钟

坐姿定点弹跳，111 页　　　坐姿弹跳踢腿，112 页　　　坐姿弹跳抬手，113 页　　　坐姿骨盆时钟加伸展，114 页

调整普拉提初始站姿，12 页　　　提踵深蹲，14 页　　　向下卷动，22 页　　　一百次，64 页

仰卧卷起，66 页　　　反向卷腹，78 页　　　滚球式，97 页

（续）

减脂训练方案

（续）

单腿伸展，68 页

双腿伸展，70 页

直腿交替伸展，71 页

双腿直伸展，72 页

十字交叉扭转式，73 页

骨盆卷起，62 页

肩桥，76 页

风车式（左侧），
38 页

侧卧抬腿，39 页

侧卧单腿画圈（右
侧），40 页

侧卧前踢（右侧），
41 页

侧卧点地（右侧），
42 页

（续）

减脂训练方案

(续)

侧卧单腿蹬车（右侧），44 页

反向伸展，48 页

泳式，51 页

风车式（右侧）38 页

侧卧抬腿（左侧），39 页

侧卧单腿画圈（右侧）40 页

侧卧前踢（左侧），41 页

侧卧点地（右侧），42 页

侧卧单腿蹬车（左侧），44 页

美人鱼式，92 页

海豹式，104 页

俯卧撑，55 页

塑形训练方案

　　这套动作进行起来简单便捷，同时又能直击健身要点，如果你能精准、有针对性地完成这套动作，并从一项运动直接过渡到下一项，不做任何停歇，那么就可以达到预期的健身效果。从上一个动作的结尾到下一个动作的开头，调动每一个肢体、每一块肌肉，尽量拉伸肢体和肌肉。当你从一项运动到另一项运动时，尽量专注每一个动作的准确度。

运动水平：中级水平健身者

运动时长：10~15 分钟

手臂伸展，16 页

腿部伸展，18 页

调整普拉提初始站姿，12 页

提踵深蹲，14 页

向下卷动，22 页

仰卧卷起，66 页

斜向收缩，28 页

双臂外旋，27 页

猫牛式，30 页

足部系列动作，94 页

一百次，64 页

仰卧卷起，66 页

（续）

塑形训练方案

（续）

反向卷腹，78 页

单腿画圈，60 页

风车式，38 页

侧卧抬腿，39 页

侧卧单腿画圈，40 页

侧卧前踢，41 页

侧卧点地，42 页

侧卧单腿蹬车，44 页

反向伸展，48 页

股四头肌伸展，49 页

单腿伸展，68 页

双腿伸展，70 页

（续）

塑形训练方案

（续）

直腿交替伸展，71 页

双腿直伸展，72 页

十字交叉扭转式，73 页

脊柱拉伸：前伸和侧向
拉伸，90 页

脊柱扭转，100 页

美人鱼式，92 页

海豹式，104 页

俯卧撑，55 页

调整普拉提初始站姿，
12 页

提踵深蹲，14 页

健身球辅助训练方案

这套健身球辅助运动是非常具有挑战性的，它需要健身者把自身的协调性和核心力量调整到最高水平。自然流畅地从一个动作过渡到下一个动作，不过需要花一些时间对健身球和身体进行合理的调整，这样才能做出正确的动作。

运动水平：中级向高级水平过渡的健身者

运动时长：10~15 分钟

坐姿定点弹跳，111 页　　坐姿弹跳踢腿，112 页　　坐姿弹跳抬手，113 页　　坐姿骨盆时钟加伸展，114 页

侧卧位单侧翻转，136 页　　侧卧位抬腿（左侧），133 页　　侧卧位单侧翻转，136 页　　侧卧位抬腿（右侧），133 页

俯卧位球上天鹅下潜，128 页　　俯卧位球上俯卧撑，132 页　　俯卧位球上泳式，129 页　　俯卧位球上屈体，130 页

仰卧位"一百次"，122 页　　仰卧位肩桥，120 页　　仰卧位卷起，116 页　　仰卧位传球，118 页

普拉提环辅助训练方案

    这套动作主要借助的道具是普拉提环，它对你的全身状态都是一个大的挑战，但也会使健身效果相应地提高。全面到位地完成每一个动作，当你从一个动作过渡到另一个动作时，只需要花一些必要的时间做运动前准备即可。这套动作可能会比较短，但它能全方位地锻炼到身体各部位。可以单独做这些运动，也可以结合本书中的其他运动方案进行锻炼。

运动水平 : 中级向高级水平过渡的健身者

运动时长 : 10 分钟

单腿站立腿部多方向
组合运动，140 页

单腿站立平衡运动，
139 页

双腿站立手臂多方向
组合运动，142 页

仰卧位卷起，144 页

仰卧位反卷，146 页

侧卧位单腿下压（左侧），
156 页

侧卧位向上拉环（左侧），
157 页

侧卧位腿画圈（左侧），
158 页

侧卧位蹬车运动（左侧），
159 页

侧卧位点地（左侧），
160 页

俯卧位单腿后压，155 页

侧卧位单腿下压（右侧），
156 页

（续）

普拉提环辅助训练方案

(续)

侧卧位向上拉环（右侧），
157 页

侧卧位腿画圈（右侧），
158 页

侧卧位蹬车运动（右侧），
159 页

侧卧位点地（右侧），
160 页

俯卧位天鹅下潜，154 页

仰卧位单腿伸展，
148 页

仰卧位双腿伸展，
149 页

仰卧位双腿直伸展，
150 页

仰卧位十字交叉扭转运动，
151 页

仰卧位 V 字形体，
152 页

弹力带辅助训练方案

这套弹力带辅助运动虽然短，但效果很明显，无论是单独进行此运动，还是结合另一套训练方案，都能够达到非常好的健身效果。在做这套动作的时候，确保你握住弹力带的方向跟图示保持一致，设置一套轻松到位的运动方案，这样你从一个动作过渡到另一个动作时就能够把握住自己的节奏，按部就班地进行锻炼，同时使健身效果增加。

运动水平：中级向高级水平过渡的健身者

运动时长：10 分钟

站姿伸展运动，
166 页

站姿侧弓步手臂组合运动，
168 页

站姿前弓步手臂组合运动，
170 页

坐姿脊柱扭转，172 页

俯卧位蹬腿运动，
182 页

俯卧位天鹅式胸部伸展组合运动，184 页

侧卧位系列运动（左侧和右侧），
186 页

仰卧位翻卷，
177 页

仰卧位单腿伸展，
173 页

仰卧位直腿交替伸展，
174 页

仰卧位双腿伸展，
175 页

仰卧位钻石式蹬腿运动，
176 页

仰卧位折叠刀式翻卷，
178 页

仰卧位控制平衡运动，
180 页

器械辅助综合训练方案

这套动作结合了第 8 章、第 9 章和第 10 章中的大部分运动项目，是一组流畅、灵活、机动且极具挑战性的运动。做好艰苦锻炼、大汗淋漓的准备吧！这套动作能够带动全身的各个部位进行锻炼，从流畅、节奏等维度借助 3 个运动道具参与锻炼，当你从一个动作向另一个动作过渡，或者需要换另一个道具时，给自己一些准备时间。把这 3 个道具放在身边，以便随时拿起进行下一项训练。

运动水平：高级水平健身者

运动时长：20 ~ 30 分钟

双腿站立手臂多方向组
合运动，142 页

站姿侧弓步手臂组合
运动，168 页

站姿伸展运动，166 页

坐姿脊柱扭转，
172 页

坐姿定点弹跳，111 页

坐姿弹跳踢腿，112 页

坐姿弹跳抬手，113 页

坐姿骨盆时钟加伸展，
114 页

单腿站立腿部多方向
组合运动，140 页

单腿站立平衡运动，
139 页

仰卧位卷起，116 页

仰卧位传球，
118 页

(续)

215

器械辅助综合训练方案

（续）

俯卧位天鹅式胸部伸
展组合运动，184 页

侧卧位单腿前踢，
135 页

侧卧位单侧翻转，136 页

侧卧位单腿前踢（左侧），
135 页

俯卧位天鹅下潜，154 页

俯卧位单腿后压，155 页

侧卧位系列运动，186 页

仰卧位卷起，144 页

仰卧位反卷，146 页

俯卧位球上天鹅式下潜，
128 页

俯卧位球上泳式，129 页

仰卧位单腿伸展，173 页

仰卧位直腿交替伸展，
174 页

仰卧位双腿伸展，
175 页

仰卧位钻石式蹬腿运动，
176 页

（续）

216

器械辅助综合训练方案

（续）

侧卧位蹬车运动，159 页

仰卧位肩桥，
120 页

仰卧位十字交叉扭转运动，
151 页

仰卧位 V 字形体，152 页

仰卧位球上屈体，130 页

仰卧位翻卷，177 页

仰卧位折叠刀式翻卷，
178 页

仰卧位控制平衡运动，
180 页

仰卧位球上俯卧撑，
132 页

全身训练方案

　　这是一套从头到脚的全身运动，即使对于高级水平的普拉提健身者也是有难度的。但是一旦你掌握了技巧，就能够在 20 分钟之内完成，在此之前，尝试仔细、精准地重现每一个动作，花点时间掌握每个动作的要领。每完成一次整套动作，都要比之前更快一些，动作与动作之间的间歇时间慢慢缩短，顺利过渡到下一个动作。

　　运动水平：中级水平向高级水平过渡的健身者

　　运动时长：20~30 分钟

调整普拉提初始站姿，12 页

提踵深蹲，14 页

肩部热身，13 页

耸肩运动，24 页

手臂伸展，16 页

腿部伸展，18 页

骨盆时钟，20 页

向下卷动，22 页

斜向收缩，28 页

跪姿摆臀，31 页

胸骨下垂，32 页

足部系列动作，94 页

（续）

全身训练方案

（续）

一百次，64 页

仰卧卷起，66 页

反向卷腹，78 页

单腿画圈，60 页

滚球式，97 页

单腿伸展，68 页

双腿伸展，70 页

直腿交替伸展，71 页

双腿直伸展，72 页

十字交叉扭转式，73 页

脊柱拉伸：前伸和侧向
拉伸，90 页

脊柱扭转，100 页

（续）

全身训练方案

（续）

美人鱼式，92 页 　　侧向屈体（右侧），98 页 　　跪姿侧向踢（右侧），
　　　　　　　　　　　　　　　　　　　　　　　　　33 页 　　　　反向伸展，48 页

股四头肌伸展，49 页 　　泳式（左侧），51 页 　　俯卧单腿后踢，50 页 　　双腿后踢，52 页

天鹅下潜，54 页 　　婴儿式，26 页 　　美人鱼式，92 页 　　侧向屈体（左侧），98 页

跪姿侧向踢（左侧），
　　33 页 　　　　分腿滚动，99 页 　　螺旋式卷动，79 页

（续）

全身训练方案

（续）

颈部拉伸，81 页

剪刀腿，83 页

脚踏车，85 页

肩桥，76 页

折叠刀式卷腹，87 页

V 字形体，74 页

回力式，105 页

海豹式，104 页

俯卧撑，55 页

上肢集中训练方案

　　虽然这套动作主要锻炼的是上半身，但它们还是需要正确的呼吸法、核心部位的控制力，以及每一个动作需投入的注意力共同协作。它可以作为一个独立的锻炼项目或是与本书中的其他运动方案结合进行训练，从而制定出一个长期、完整的全身运动方案。

运动水平：中级向高级水平过渡的健身者

运动时长：15 分钟

手臂伸展，16 页

向下卷动，22 页

仰卧卷起，66 页

双臂外旋，27 页

猫牛式，30 页

胸骨下垂，32 页

美人鱼式，92 页

风车式，38 页

反向伸展，48 页

泳式，51 页

婴儿式，26 页

一百次，64 页

滚球式，97 页

单腿伸展，68 页

直腿交替伸展，71 页

（续）

上肢集中训练方案

（续）

螺旋式卷动，79 页

折叠刀式卷腹，87 页

脊柱拉伸：前伸和侧向
拉伸，90 页

脊柱扭转，100 页

锯式，102 页

分腿滚动，99 页

侧向屈体（左侧），98 页

海豹式，104 页

俯卧撑，55 页

肩部热身，13 页

耸肩运动，24 页

手臂伸展，16 页

下肢集中训练方案

　　这套动作主要集中训练的是下肢部位的肌肉，同时还融合了核心肌群和上半身肌肉的锻炼，这个运动方案可以单独进行，也可以和其他健身方案结合进行，从而制定出一个完美的长期运动方案。按部就班、有条不紊地进行每一项训练，尽可能地获得最大的运动效益，然后加快运动节奏，改善动作流畅度。

运动水平：中级向高级水平过渡的健身者

运动时长：15分钟

腿部伸展，18页　　调整普拉提初始站姿，12页　　提踵深蹲，14页　　向下卷动，22页

仰卧卷起，66页　　斜向收缩，28页　　猫牛式，30页　　跪姿摆臀，31页

股四头肌伸展，49页　　俯卧单腿后踢，50页　　双腿后踢，52页　　婴儿式，26页

侧卧抬腿，39页　　侧卧单腿画圈，40页　　侧卧前踢，41页

（续）

下肢集中训练方案

(续)

侧卧点地，42 页

侧卧单腿蹬车，44 页

足部系列动作，94 页

滚球式，97 页

双腿伸展，70 页

双腿直伸展，72 页

脊柱拉伸：前伸和侧向
拉伸，90 页

回力式，105 页

剪刀腿， 83 页

脚踏车，85 页

肩桥，76 页

V 字形体，74 页

跪姿侧向踢，33 页

调整普拉提初始站姿，
12 页

提踵深蹲，14 页

腿部伸展，18 页

核心部位高级训练方案

这个核心部位锻炼的健身方案主要是基于约瑟夫·普拉提提出的34项运动开展的，但这里我们并没有把这34项运动全都列出来，我们列出的运动项目也有一些是不包括在这34项中的。正因为普拉提运动是基于核心部位锻炼的有效运用，这些运动能够帮助你更有效地集中强化核心肌群，只要掌握了运动技巧，就可以每天进行锻炼，可以单独训练，也可以结合其他的健身方案一起训练。

运动水平：高级水平健身者

运动时长：20~30 分钟

一百次，64 页

仰卧卷起，66 页

反向卷腹，78 页

单腿画圈，60 页

滚球式，97 页

单腿伸展，68 页

双腿伸展，70 页

直腿交替伸展，71 页

双腿直伸展，72 页

十字交叉扭转式，73 页

脊柱拉伸：前伸和侧向拉伸，90 页

分腿滚动，99 页

（续）

核心部位高级训练方案

（续）

螺旋式卷动，79 页

锯式，102 页

天鹅下潜，54 页

俯卧单腿后踢，50 页

双腿后踢，52 页

颈部拉伸，81 页

剪刀腿，83 页

脚踏车，85 页

肩桥，76 页

脊柱扭转，100 页

折叠刀式卷腹，87 页

侧卧抬腿，39 页

（续）

核心部位高级训练方案

(续)

侧卧单腿画圈，40 页

侧卧前踢，41 页

侧卧单腿蹬车，44 页

V 字形体，74 页

泳式，51 页

跪姿侧向踢，33 页

侧向屈体（左侧），98 页

回力式，105 页

海豹式，104 页

俯卧撑，55 页

关于作者

鲍西亚.佩奇（Portia Page）是美国加利福尼亚州推广普拉提运动的一名普拉提培训师。她是国际普拉提方法协会（Pilates Method Alliance，PMA）认证的金牌普拉提教练，BBU 普拉提培训机构（Balanced Body University）的培训师，斯托特普拉提（Stott Pilates）一级和二级认证讲师。佩奇作为 24-Hour Fitness 的主培训师，帮助建立团体课的教学体系，并在美国各地进行演示与认证，目前，她在加利福尼亚州圣地亚哥的 24-Hour Fitness 授课，偶尔也会在加利福尼亚州各地参加一些特殊的活动。佩奇还持有美国运动委员会（ACE）和美国体育及体适能协会（AFAA）的团体课教练专业认证资格证书，并通过 CEC（continuing education credits，继续教育学分）获得 ACE、AFAA 和 PMA 的重新认证以保持证书的有效性。

佩奇为 California WOW Xperience 健身俱乐部在泰国和韩国开设了五家普拉提工作室，并且在这些俱乐部为 150 多名健身教练进行了各种垫上运动以及器械运动的培训。同时，佩奇还是负责团课培训的区域经理，管理着五家泰国的俱乐部和三家韩国的俱乐部，每周监督近 1000 个团课培训班。

佩奇是 24-Hour Fitness 的 4 个团体课教学视频的主教练，为众多普拉提团体课教练员们提供了非常专业的指导，并在柯利. 罗伯茨的 Pilates Quick Fix 视频中做主要示范，同时，她还担任 shape 杂志健身视频的技术顾问。

关于译者

张展鹏，Jack，PBL 训练体系创始人，鹏式身体运动室创办人，《精准康复》课程联合创始人，国内诸多一线大咖的长期形体管理及健身指导顾问，NIKE 中国区签约精英培训师（NIKE NTC Master Trainer），ACE 国际教练，FMS 高级教练。从事健身行业 14 年，研修普拉提训练 10 年，工作时效超过 24000 小时。

徐靖，Jacky Xu，X-pilates 创始人及教学总监。现任 Polestar Pilates（美国北极星普拉提）中国区培训师，GYROTONIC® 及 GYROKINESIS®（禅柔）技法教练，国际普拉提方法协会会员；多次担任各健身大会普拉提课程讲师，并为不同的健康生活刊物撰稿。